シリーズ藩物語

西村慎太郎……著

生実藩

現代書館

プロローグ

生実《おゆみ》藩物語

戦国の動乱の果てに関東を領することとなった徳川家康《とくがわいえやす》。生実は房総半島の要衝《ようしょう》であるため、三河《みかわ》武士として家康とともに各地を転戦している西郷家員《さいごういえかず》に与えた。西郷家員のいとこ・西郷局《さいごうのつぼね》はのちに二代将軍に就任する徳川秀忠《ひでただ》を産んでおり、家康と西郷家員の近しい関係がうかがえると同時に、生実の地の重要性が理解できよう。やがて西郷氏は安房国東条（現・鴨川市）を与えられ、生実を離れた。

二代将軍・秀忠の近臣であった森川重俊《もりかわしげとし》は、寛永四年（一六二七）に下総国《しもうさ》を中心とした一万石を与えられ、生実藩が成立した。重俊はその後出世を重ね、秀忠が将軍を退き、大御所となった後は西丸老中として活躍したが、秀忠が病没すると、後を追って殉死《じゅんし》してしまった。

四代藩主である森川俊胤《としたね》は五代将軍・綱吉《つなよし》の小姓となり、次の家《いえ》宣《のぶ》が将軍に就《つ》くと側衆《そばしゅう》を務め、やがて正徳四年（一七一四）には若年寄に至っている。同様に八代藩主・俊知《としとも》、九代藩主・俊民《としたみ》も若年

藩という公国

江戸時代、日本には千に近い独立公国があった

江戸時代。徳川将軍家の下に、全国に三百諸侯《しょこう》★の大名家があった。ほかに寺領や社領、知行所《ちぎょうしょ》★をもつ旗本領《はたもとりょう》などを加えると数え切れないほどの独立公国があった。そのうち諸侯を何々家《け》家中《かちゅう》と称していた。家中は主君を中心に家臣が忠誠を誓い、強い連帯感で結びついていた。家臣の下には足軽《あしがる》層《そう》★がおり、全体の軍事力の維持と領民の統制をしていたのである。その家中を藩と後世の史家は呼んだ。

江戸時代に何々藩と公称することはまれで、明治以降の使用が多い。それは近代からみた江戸時代の大名の領域や支配機構を総称する歴史用語として使われた。その独立公国たる藩にはそれぞれ個性的な藩風《はんぷう》と自立した政治・経済・文化があった。幕藩体制とは歴史学者伊東多三郎《いとうたさぶろう》氏★の視点だが、まさに将軍家の諸侯の統制と各藩の地方分権が巧く組み合わされていた、連邦でもない奇妙な封建的国家体制であった。

今日に生き続ける藩意識

明治維新から百四十年以上経っているのに、今

寄に就いている。若年寄とは、江戸幕府の老中に次ぐ役職であった。その他、藩主は大番頭《おおばんがしら》・奏者番《そうじゃばん》・寺社奉行といった江戸幕府の役職に就任している。江戸での役務が多かったためであろう、藩内での統治の様相はあまり分からない。参勤交代も少なかったようだ。森川家は幕府要職を歴任していたことから、同じく江戸幕府の有力譜代大名の娘を娶《めと》ることが多かった。藩主の姫君たちは江戸幕府の大身《たいしん》の旗本に嫁ぐことが多かった。

生実藩は氏家《うじいえ》・青木・京僧《きょうそう》・市原・大橋といった重臣、そして有力農民たちによって領内の統治は委《ゆだ》ねられた。藩領内外の用水争論・キサゴをめぐる争い、そして江戸幕府内での藩主の役務サポートや大震災、幕末維新期の動乱の対応も藩内の家臣たちが対応していった。

生実藩森川家は幕末維新期に何か政治的な動向を示すわけでもなく、初代藩主・森川重俊が切腹したことを除くと、江戸時代の大名として特徴が乏しいように見えるかもしれない。しかし、現在の千葉県生実地域の発展の基礎を築いたのこそ、森川家と生実藩の人々であった。

でも日本人に藩意識があるのはなぜだろうか。明治四年(一八七一)七月、明治新政府は廃藩置県《はいはんちけん》★を断行した。県を置いて、支配機構を変革し、今までの藩意識を改めようとしたのである。ところが、今でも、「あの人は薩摩藩の出身だ」とか、「我らは会津藩の出身だ」と言う。それは侍出身だけでなく、藩領出身も指しており、藩意識が県民意識をうわまわっているところさえある。むしろ、今でも藩対抗の意識が地方の歴史文化を動かしている。そう考えると、江戸時代に育まれた藩民意識が現代人にどのような影響を与え続けているのかを考える必要があるだろう。それは地方に住む人々の運命共同体としての藩の理性が今でも生きている証拠ではないかと思う。

藩の理性は、藩風とか、藩是《はんぜ》とか、ひいては藩主の家風ともいうべき家訓などで表されていた。

〔稲川明雄（本シリーズ『長岡藩』筆者）〕

諸侯▼江戸時代の大名。

知行所▼江戸時代の旗本が知行として与えられた土地。

足軽層▼足軽・中間・小者など。

伊東多三郎▼近世藩政史研究家。東京大学史料編纂所所長を務めた。

廃藩置県▼藩体制を解体する明治政府の政治改革。廃藩により全国は三府三〇二県となった。同年末には統廃合により三府七二県となった。

シリーズ藩物語 生実藩

目次

プロローグ　生実藩物語……………1

第一章　小弓御所と生実藩の景観　太古の時代から戦国時代の生実の地の景色と人々を眺める。　9

【1】――生実地域の特徴……………10
生実地域の地形的特徴／「生実」の名称の由来①――麻績連という豪族／「生実」の名称の由来②――源頼光の大弓／千葉の地を治めた千葉氏／名門千葉氏を支えた原氏

【2】――室町時代の関東の戦乱と武将たち……………20
室町幕府の関東出張所、鎌倉公方《くぼう》／鎌倉公方と関東管領・上杉氏との争い／十五世紀後半の群雄割拠／武田氏による小弓御所擁立と宗長「東路のつと」

【3】――関東の覇権、決す――足利義明の討死と北条氏……………28
伊勢宗瑞・北条氏綱父子の台頭と侵攻／国府台の戦いにて足利義明死す／国府台の戦い後の生実／生実郷大巌寺

第二章　将軍秀忠の側近となった森川重俊　初代生実藩主・森川重俊とその末裔たちは生実の地を治める。　37

【1】――謎の多い近世初頭の生実……………38
徳川家康の関東入部と三河武士・西郷氏／三代将軍の小姓を務めた酒井重澄／その後の西郷氏と酒井氏

【2】――生実藩の祖・森川重俊と森川氏……………44
生実藩主となった森川氏の祖とは／森川重俊、徳川秀忠の小姓となる／重俊失脚と大坂の陣参戦

【3】――幕政における重俊……………51
重俊による生実藩の誕生／寛永五年西丸年寄就任／大御所秀忠の政治と当時の幕政

【4】―森川重俊、将軍秀忠に殉ずる……61
寛永九年正月二十四日、秀忠死去／重俊の遺言／重俊、息子・家中の行く末を思う

【5】―歴代の生実藩主……69
四代藩主・俊胤、将軍吉宗の若年寄就任／大番頭・大坂定番・奏者番を務める／森川家当主の生実入りと江戸屋敷

【6】―森川家の奥方と姫君たち……78
森川家に嫁いだ奥方たち／森川家の姫君たち／天保十二年、森川としの出産

第三章 一万石の拠点、生実陣屋と勤務する武士たち
多彩な生実藩士が生実の地で生き抜き、領民を守ろうとする。 87

【1】―生実藩の「城」、生実陣屋……88
陣屋とは／千葉県内の陣屋／生実陣屋の姿／生実神社

【2】―生実藩に勤める家臣団……98
一万石大名の家臣団規模―一六八名の森川家家臣／生実藩制の組織／生実藩の重臣たち

【3】―藩校・郁文館と領内の教育……108
全国の藩校の動向／千葉県内の藩校／森川俊胤に仕えた太宰春台／郁文館の設立と家老・氏家廣福

【4】―菩提寺・重俊院……117
重俊院の創建とその境内地／重俊院の森川家墓所／その他の森川家一族の墓所

第四章　領内の人々・生活　生実藩に住んでいたのはどのような人々で、どのような生活をしていたか。　127
【1】——生実藩領の人々はどのような生活をしていたか……128
森川藩陣屋のあった北生実村／村人たちの生業／物資の集積地・野田村／千葉県の食の名産品と生実藩献上品／生実藩の祭り——浜野の諏訪神社
【2】——草刈堰の灌漑用水……142
幕府代官・高室金兵衛、旱魃災害に立ち向かう／草刈堰の維持管理／藩内の新田開発
【3】——生実から遠く離れた生実藩領——飛地の人々……149
飛地とは何か／生実周辺以外の千葉県内の生実藩領／相模国の生実藩領
【4】——浜野浦・八幡浦のキサゴ……155
キサゴとは何か／キサゴの利用法／キサゴ掻きをめぐる争い
第五章　生実藩政の動向と幕末・明治維新　ドラマに取り上げられることがない藩から幕末・明治維新を考える。　163
【1】——飢饉を乗り越える……164
八代藩主・俊知／全国に飢饉が起こる——天保の飢饉／藩内の天保の飢饉とその救済／俊知の死と九代藩主・俊民
【2】——安政の大地震……174
安政年間、「地震大国」となった日本列島／生実藩江戸藩邸の全壊／安政江戸地震で亡くなった藩士・中間・足軽／相次ぐ藩主の早世

【3】――**幕末政治史と生実藩**……183

ペリー来航における警護／異国船に備えての大砲／江戸と板橋の警護

【4】――**森川俊方、新政府に恭順**……190

大政奉還と生実藩／家老・青木七右衛門の上洛／下総国の戊辰戦争――船橋戦争と五井戦争／俊方の上洛、そして版籍奉還

エピローグ **生実藩と森川家の近代**……202

あとがき……204　**参考及び引用文献**……206

生実藩所在地……8　千葉氏系図……19　鎌倉公方・足利家……23

上杉家系図……24　森川家系図……53　近世生実藩屋敷一覧……77

北生実村百姓農間渡世・職人……131

これも生実

「宇多源氏宗族」という近代華族制度……35　七廻塚古墳と機織り伝説……36

森川家の馬印・旗指物……86　大坪流馬術……125

森川俊胤の歌書「一之塵芥集」の世界……126　郁文館の漢詩会……161

近代生実藩を支配した印旛県と印旛県令……162　浜野湊の残照……200

生実の街への玄関口・JR内房線浜野駅……201

森川氏城址

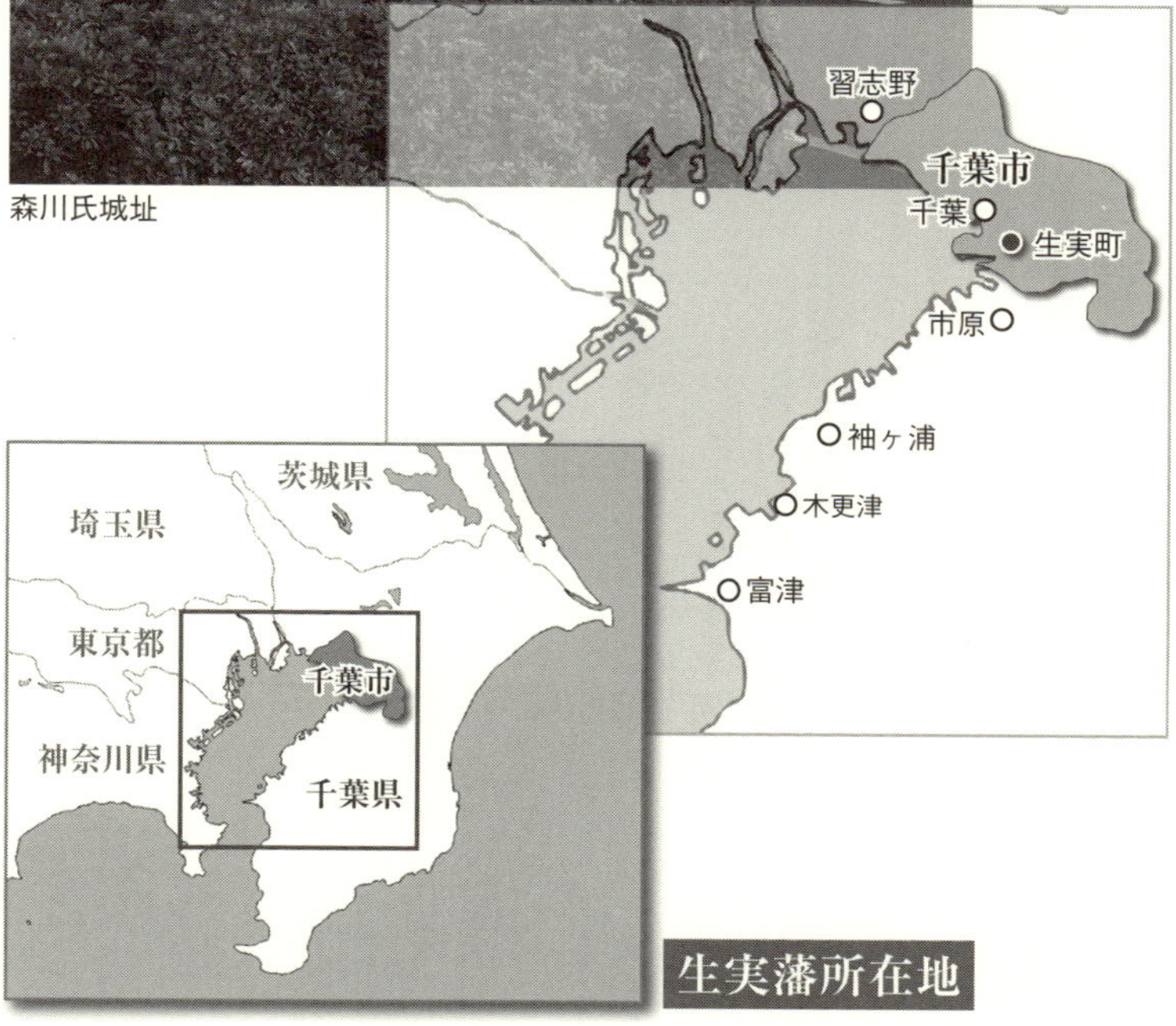

生実藩所在地

第一章 小弓御所と生実藩の景観

太古の時代から戦国時代の生実の地の景色と人々を眺める。

1 生実地域の特徴

「生実」という名称にはいったいどのような由来があるのか。
そこには麻績連という古代豪族と猛将・源頼光の存在があった。
生実の地の古代を振り返る。

生実地域の地形的特徴

最初に生実地域の地形的特徴を見てみたい。なお、ここではのちにニュータウン「おゆみ野」と称される地域も含めて述べる。

生実は内房《うちぼう》と称される東京湾北東沿岸部の低地と下総《しもうさ》台地の南西端のあたりに位置する。下総台地とは、千葉県の中部から北部に広がる更新世《こうしんせい》と称される約百八十万年前から一万年前までの間に形成された地形で、西は江戸川、東は九十九里《くじゅうくり》に広がる台地だ。

生実地域の縄文時代から古代にかけての埋蔵文化財については千葉県教育振興財団編『平成20年度出土遺物巡回展 房総発掘ものがたり――おゆみ野編――』に詳しい。例えば、旧石器時代では六通金山《ろくつうかなやま》遺跡において局部磨製石斧《せきふ》などが出土している。局部磨製石斧は大型の動物の狩猟に使われた約四万年前から三万年前の石器だ。人々の生活の痕跡とともに大型動物が生息していたことがわかる。生実地域の中でも人びとが居住した痕跡として知られているのが、現在の「おゆみ野ふれあい公園」整備の際に発掘された上赤塚《かみあかつか》貝塚であろう。上赤塚貝塚は約四千年前の縄文時代後期の集落跡であり、ハマグリなどの貝類が出土している。

また、千葉県指定史跡としても著名なのは四世紀後半に築かれた大覚寺山《だいかくじやま》古墳である。千葉市内最大の前方後円墳であるが、もともとは墳丘《ふんきゅう》であることが知られておらず、高度経済成長期の宅地造成によって全長六三メートルの姿が確認された。千葉県教育委員会のホームページによれば、ニュータウン「おゆみ野」開発によって二八八基にもおよぶ古墳が発見されている。

五世紀後半の古墳時代から十世紀前半の平安時代までの長期間にわたって、大規模な集落が形成されていた地として高沢《たかざわ》遺跡が挙げられよう。高沢遺跡は住居跡とともに金銅《こんどう》製馬具や銅製帯金具、墨書《すみがき》土器なども発見されており、当該地域の拠点的な役割を果たしていたことがうかがえる。

「生実」の名称の由来①——麻績連という豪族

では、「生実」の名称の由来は何であろうか。『角川日本地名大辞典』の千葉県

大覚寺山古墳

の巻をめくってみよう。後述するように「生実」は「小弓《おゆみ》」とも書くが、もともとは「麻績連《おみのむらじ》」が同地域を管掌したことによると記されている。「麻績」とは本来、布を織るにあたって麻を糸にすることであり、麻は「苧《からむし》」のことで「オ」と読んでいる。「績」の字は「紡績」の語でも知られているように糸を紡《つむ》ぐことを意味しており、訓読みの「うむ」「つむぐ」が転じて「ミ」と読んだのであろう。「連」は古代の姓（家柄を示した称号）のひとつで、大和朝廷より地方の有力豪族に与えられた。生実の地の総鎮守であった八釼《やつるぎ》神社（千葉市中央区南生実町）の神職《しんしょく》は麻績連の末裔であるという。

ここで八釼神社について触れておこう。八釼神社の創建は不明であるが、日本《やまと》武尊《たけるのみこと》による列島東への侵攻に当たって、この地域の住民が彼を主祭神として祀り、「東国鎮護征夷神八釼神社」として崇敬したことが始まりであるという由緒が伝えられている。そのため現在では日本武尊を祭神とし、天照大神《あまてらすおおみかみ》と大己《おおな》貴命《むちのみこと》（大国主命《おおくにぬしのみこと》）を合祀《ごうし》している。

「麻績」の名称からもわかるように、麻を紡ぐ職人集団は各地に存在したものと思われ、地名として遺されている。下総国の場合、海上郡《うなかみぐん》麻績《おみ》郷《ごう》（現・香取市小見川）などが該当し、そのほか、信濃《しなの》・常陸《ひたち》・下野《しもつけ》・遠江《とおとうみ》・美濃《みの》・伊勢《いせ》国などで確認される。『万葉集《まんようしゅう》』東歌《あずまうた》（東国で歌われた古代の民謡、あるいは東国の民謡に仮託して宮廷歌人が歌ったもの）研究の第一人者である櫻井満氏によれば、伊勢

生実の総鎮守である八釼神社
（千葉市中央区）

国多気郡麻績郷（現・三重県多気郡明和町）の麻績連は伊勢神宮に衣を納めていたが、その後、大和《やまと》朝廷の勢力が東国に広がったことによって、東日本各地に麻で糸を紡ぐ麻績連とそれに従う人びとが集住したと評価しており、東国各地の「麻績郷」の分布がそれを表わしていると述べる（「東歌の成立と麻績部の伝承」）。大和朝廷が東国に広がったことに由来するかどうかは判断しかねるものの、麻は山の斜面に自生するのはもちろん、焼畑の跡地で栽培などもし、その背丈は二メートルにも及ぶ多年草だ。下総台地を遠くに眺め、その斜面にたなびく麻を見た人が「麻績」と名付けたとしても不思議はない。

「生実」の名称の由来②——源頼光の大弓

既述の『角川日本地名大辞典』の千葉県の巻には、「生実」の名称の由来についてもうひとつ挙げている。これは八剱神社の社伝として伝わったもので、源《みなもとの》頼光《よりみつ》が八剱神社に大きな弓、すなわち「大弓」を寄進したことに由来するという伝承である。

源頼光とは、渡辺綱《わたなべのつな》・坂田公時《さかたのきんとき》（足柄山《あしがらやま》の金太郎のモデル）ら「頼光四天王」という強者を従えて、丹波国《たんばのくに》大江山《おおえやま》の酒呑童子《しゅてんどうじ》という鬼（実際には京都を荒らしていた山賊集団と考えられる）を退治したとして名高い。頼光については後年の伝説

頼光四天王の活躍を描いた絵巻物「大江山酒呑童子絵巻物下巻」
（国立国会図書館蔵）

が数多く、実際の人物像を明らかにすることは困難であるが、十世紀の半ばに源満仲《みつなか》（多田源氏の祖。現在ＪＲ川西池田駅前に馬上のブロンズ像が設置されている）の息子として誕生し、各地の国守《こくしゅ》を歴任しながら、御堂関白《みどうかんぱく》・藤原道長《ふじわらのみちなが》に仕えた人物である。武勇に優れたとして名高い一方、勅撰和歌集の『拾遺和歌集』にも歌が掲載されており、それは「中中に　いひもはなたて　しなのなる　きそちのはしの　かけたるやなそ」というもので、女性の元に送った歌だ。なお、のちに征《せい》夷《い》大将軍《たいしょうぐん》となる源頼朝《よりとも》は頼光の弟・頼信《よりのぶ》の末裔であり、頼光の末裔は摂津《せっつ》源氏として、のちに源平合戦の端緒となる以仁王《もちひとおう》挙兵に関与した源頼政《よりまさ》などが知られている。

　さて、改めて生実の地に目を向けてみたい。名称の由来のひとつとして源頼光が八剱神社に大弓を寄進したというものがあると述べたが、この伝承は頼光が上総《かずさ》国（現在の千葉県のうち、下総国の南）に赴いた際に寄進したようである。しかし、現在のところ頼光が上総国に赴いた記録は江戸時代後期に成立した『系図纂要』という系譜資料以外確認できず、この伝承は検討の余地があろう。他方、父・満仲が関東の国守ないし次官に任じられ鎮守府将軍にまで進んだことや、『日本紀略』（十二世紀頃に編纂された歴史書）永延二年（九八八）九月十六日条に摂政《せっしょう》・藤原兼家《かねいえ》（藤原道長の父）が二条京極第《きょうごくだい》という屋敷を新造した際、頼光は東国の名産である馬を三〇匹も献上していることから、関東とのつながりは既に有してお

左兵衛佐源頼朝
（東京都立中央図書館蔵）

り、この伝承も十分に根拠があるものと思われる。

生浜《おいはま》郷土史研究会編『郷土の歩み』によれば、中世の千葉地域を治めた千葉氏の一族・鏑木《かぶらぎ》対馬助（ママ）が頼政を祀る神社を建立したといわれている。

いずれにせよ、「生実」の名称は現在の南生実町に鎮座する八剱神社に由来するものと考えてほぼ間違いない。

なお、本書では室町時代・戦国時代における同地や城郭である小弓城、この地を領した小弓御所については「小弓」の文字を用い、その他については「生実」の文字を用いる。

千葉の地を治めた千葉氏

生実の地から広げて、現在の千葉市域を見てみよう。千葉は律令体制成立以前の古代には千葉国造《ちばのくにのみやつこ》（知波国造）が統治していたものと思われるが、史料が少なく、判然としない。ただし、千葉大学医学部キャンパスから前方後円墳が発見されており、千葉国造の具体的な姿を明らかにする手掛かりとなろう（『千葉大学亥《いの》鼻《はな》地区インキュベーション施設建設に伴う発掘調査報告書』）。

平安時代となって、都から地方官が下向《げこう》し、その子弟たちが土着して関東の開発を進めた。そのひとつが桓武天皇の末裔で、平氏を称した一族である。千葉の地は十一世紀前半に房総半島で反乱を起こした平忠常《たいらのただつね》の息子・常将《つねまさ》が土着して「千葉介《ちばのすけ》」と称した。常将の曽孫である常重《つねしげ》が既述の千葉国造の前方後円墳とも評価されている亥鼻（猪鼻）に居館を構えている。ここから中世の千葉氏の興隆がはじまった。常重の息子・常胤《つねたね》は、一族の上総広常とともに石橋山の戦いに敗れて房総半島で勢力を立て直そうと試みていた頼朝に二万騎の兵で馳せ参じている（『吾妻鏡』の記述。『平家物語』では一万騎と記されている）。源平合戦やその後の奥州藤原氏征伐に従軍し、鎌倉幕府では常胤が下総守護となった。鎌倉幕府有力御家人《ごけにん》のひとつといえよう。

千葉氏には「妙見説話」と称される伝説が遺されている。丸井敬司氏の『千葉氏と妙見信仰』という研究書や千葉市立郷土博物館が刊行した『紙本著色《ちゃくしょく》千葉妙見大縁起絵巻』で詳細に紹介されているが、どのような伝説かを簡単に振り返ってみよう。この伝説は千葉氏の家臣・坂尾五郎治が建立した妙見堂、のちに栄福寺と改めた寺院に伝来した「千葉妙見大縁起絵巻」（千葉県指定有形文化財）に記されている。内容は次のようなものだ。妙見がもともとは七仏薬師《しちぶつやくし》であり、高《たか》望王《もちおう》とその妻が生まれてくる子どものために太陽と月に祈ったところ、誕生した平良文《よしふみ》に妙見の加護を得るようになった。長じて、良文は甥の将門《まさかど》とともに平国《くに》香《か》（良望《よしもち》）と上野国《こうずけのくに》群馬郡（現・群馬県前橋市）の染谷川で合戦をするが、妙見の加護によって勝利する。それ以来、代々妙見を館に祀ることとなり、源頼朝に仕えた千葉成胤《なりたね》（千葉常胤の孫）は妙見によって敵の矢を防ぐことができた。この妙見の霊験を知った頼朝自身、千葉氏の館内で祀られていた妙見宮を訪れ、戦勝祈願をする。千葉氏の手によって祀られた妙見であったが、その後、千葉氏内の争いによって、北斗山金剛授寺尊光院座主・覚実によって同寺の客殿へ遷座することとなる。しかし、この客殿も焼失し、天文十九年（一五五〇）に新しい妙見堂が完成して遷座した、というものである。この妙見堂こそ、現在の千葉神社に相当する。

妙見説話にも記されているように、頼朝に仕えた千葉氏は、一族の内乱などがありつつも、鎌倉・室町・戦国時代を生き抜いた。千葉氏は近世大名として名を馳せることはなかったものの、一族の相馬氏は相馬中村藩六万石の大名となっていった。

猪鼻城址碑

名門千葉氏を支えた原氏

下総国の千葉氏を支え、生実の地を本拠地に活躍した武士として原氏がいる。千葉県内の自治体史をはじめとして『市史研究誌四街道の歴史』第九号にも柴田聡司氏が論文を書いているが（「原氏私稿　千葉宗家宿老原氏の歴史を辿る」）、簡単に原氏の歴史を振り返ってみよう。

原氏は既述の平常将の孫である頼常が下総国匝瑳《そうさ》郡千田荘《ちだ》（現・千葉県香取郡多古《たこ》町）の「原」という地に住《じゅう》したことにはじまる。つまり、関東を開発した平氏の一族、千葉氏の一族というわけだ。生実に住したのは室町時代の応永年間（一三九四〜一四二八）に千葉氏胤《うじたね》の四男・胤高《たねたか》が原氏の名跡《みょうせき》を継いだことによる。なお、このあたりの親族関係の具体相は不明な点が多い。

原氏一族の中には、後述する小弓御所・足利義明《よしあき》に滅ぼされた際に甲斐国《かいのくに》へと逃れた原虎胤《とらたね》という人物がいる。原虎胤は武田信玄の重臣であり、後世「武田二十四将」のひとりと評価された人物である。

生実の原氏は戦国時代に没落し、江戸時代に入るとキリシタンであるということで非業《ひごう》の死を遂げるが、甲斐へと移り住んだ原虎胤の長男は武田家の重臣・横田氏の養子となる。なお、横田氏はのちに江戸幕府の大身の旗本となり、十八世紀後半の田沼政権下では、十代将軍・徳川家治の側衆《そばしゅう》として大きな権力を握っていた。本稿の主人公である森川家の当主は当時幕臣として奏者番などを務めており、その時には江戸城内で顔を合わせたことだろう。このような歴史的背景をどのように感じていたか、大変興味深い。

ところで、天文十九年（一五五〇）に妙見堂を新しく建てたことは既に述べたが、「千葉妙見大縁起絵巻」にはこの大事業に関わった人物のことが記されている。ここでは千葉市立郷土博物館が刊行した『紙本著色千葉妙見大縁起絵巻』に基づいて、原氏との関わりについて概観してみよう。

妙見堂建立に際して、千葉氏の当主は親胤《ちかたね》であるが、若干十歳。そのため、あらゆる差配は原胤清が行なった。妙見の遷座式では、千葉親胤の神馬《しんめ》を曳《ひ》くのが千葉一族の馬場胤平、太刀持ちが原氏の一族の原胤安。その次に妙見堂建立を実質的に行なった原胤清の神馬を一族の原胤行、太刀持ちが牛尾胤道と牛尾胤貞。胤貞は原胤清の息子であり、牛尾胤道も同族であろう。千葉氏の名のもとに執り行われた新しい妙見堂の建立だが、むしろ、原氏の権力を知らしめた形になった。

なお、妙見堂は既述の北斗山金剛授寺尊光院として真言宗の寺院であり、朱印地二百石を与えられたが、明治維新後、多くの大寺院同様に存続のため神社化し、千葉神社となっている。

千葉氏縁の千葉神社（千葉市中央区）

千葉氏系図

- 桓武天皇—葛原親王—高見王（実存不明）—高望王
  - 良望…（中略）…清盛
  - 良将—将門（将門の乱）
  - 良文—忠頼—忠常（平忠常の乱）—常将（千葉介）—常長（前九年・後三年の役従軍 千葉大夫）
    - 常兼—常重—常胤（源頼朝に仕える 下総国守護）
    - 頼常（原氏祖）
    - 常晴（上総氏祖 相馬氏祖）—常澄—広常（源頼朝に仕える 上野介）

② 室町時代の関東の戦乱と武将たち

南北朝時代から室町時代の関東と生実の地。
敵味方が日ごとに代わるような戦乱が続いていた。
鎌倉公方と上杉氏をはじめとした戦争は関東を疲弊させていく。

室町幕府の関東出張所、鎌倉公方

生実藩の話の前提として、中世の当該地域の歴史を見てみよう。

建武の新政と足利尊氏《あしかがたかうじ》による室町幕府開府の中で、関東の拠点として鎌倉に尊氏の嫡男・義詮《よしあきら》が配されていた。しかし、尊氏は弟・直義《ただよし》との対立の折、貞和五年（一三四九）義詮が京都で政務を執ることとなり、関東の支配・統治は義詮の弟である基氏《もとうじ》が務めることとなった。基氏は「鎌倉殿」（研究上の用語としては、鎌倉公方《くぼう》・関東公方と呼ばれる）という名称で東国の管理を担うものの、暦応三年（一三四〇）に生まれた幼年の基氏にとって役割は重く、将軍家同様に執事が設置された。これがのちの関東管領《かんとうかんれい》であり、戦国大名として著名な上杉謙信《うえすぎけんしん》を輩出している。

足利尊氏（右）と新田義貞
「大日本名将鑑足利尊氏新田義貞」
（東京都立中央図書館蔵）

基氏は貞治六年（一三六七）に二十八歳の若さで亡くなり、その後、基氏の息子である氏満《うじみつ》、さらにその子である満兼《みつかね》と続くが、鎌倉公方は室町幕府とも対立を繰り返した時期であった。康暦元年（一三七九）、時の室町幕府管領・細川頼之《ほそかわよりゆき》と越中守護《えっちゅうしゅご》で幕府の重臣である斯波義将《しばよしゆき》の対立が進み（康暦の政変）、その過程で氏満は政争に便乗して、将軍・義満に兵を挙げようとしている。南北朝の動乱という列島全土にわたる戦争状態の中、室町幕府内部での混乱が起こり、関東の人々は戦争の日々に疲弊していくこととなった。

鎌倉公方と関東管領・上杉氏との争い

南北朝時代の終焉から十五世紀の関東における武将勢力図を、生実の地と関わりの深い人物を中心に描いてみよう。

応永二十三年（一四一六）、関東統治の「鎌倉殿」＝鎌倉公方を補佐する関東管領を務めていた上杉氏憲《うじのり》（禅秀《ぜんしゅう》）が挙兵し、鎌倉公方・足利持氏《もちうじ》（満兼の息子）の館を攻め、持氏は駿河《するが》へと逃れた（上杉禅秀の乱）。上杉氏憲が反乱を起こした理由は若年の鎌倉公方である持氏との対立のためといわれているが、ここには上杉家内部での争いも潜んでいた。上杉氏憲は鎌倉の犬懸谷《いぬがけがやつ》に住した犬懸上杉氏であり、一方で足利基氏下向以来従っていたのは足利尊氏の叔父である上杉憲房《のりふさ》の末裔、山内上杉氏《やまのうち》であり、その勢力争いが激しく起こっていた。

鎌倉公方・足利持氏は山内上杉氏の上杉憲基《のりもと》と結びつき、氏憲を更迭《こうてつ》したことによって一気に氏憲の不満が爆発し、持氏に反抗する足利満隆《みつたか》（氏満息子。持氏の叔父）や持仲《もちなか》（持氏の弟。満隆の養子）とともに挙兵に至ったが結局、幕府から派遣された今川範政《いまがわのりまさ》や越後国《えちご》（現・新潟県）の上杉房方《ふさかた》、関東の諸武将によって翌年には鎮圧され、足利満隆・持仲父子、上杉氏憲は自害した。再び、足利持氏が鎌倉に戻り、鎌倉殿として関東の支配を担うこととなる。

持氏を補佐した若き関東管領・上杉憲基は乱の翌年に死去し、憲基より若い上杉憲実《のりざね》が関東管領に就任した。憲実は上杉氏憲討伐として幕府に派遣された越後国の上杉房方の息子であり、憲基の後継者として位置づけられたようだ。

しかし、今度は鎌倉公方・足利持氏が幕府とは独自の軍事行動を行なうようになり、徐々に室町幕府と対立を深めていく。関東管領・上杉憲実はそれを諌止《かんし》するものの、それがさらなる対立を生み、永享十年（一四三八）に持氏は上杉憲実の追討に出発する（永享の乱とも称される）。憲実は幕府に救援を依頼したことから、幕府は東国の武将に持氏討伐を命じ、翌年、持氏は鎌倉の永安寺にて自害した。その際、永安寺は燃えてしまい、現在は大正十五年（一九二六）に鎌倉町青年団によって建立された「永安寺址」の石碑を見ることができる。

永享の乱によって一度鎌倉公方は廃されたが、やがて持氏の遺児である成氏《しげうじ》が鎌倉公方への就任を幕府に認められる。同時に、関東管領には上杉憲忠《のりただ》（憲実嫡男）が就任した。しかし、成氏にとって憲忠は永享の乱において父を殺した憎い相手である。当然、対立が生じて、享徳三年（一四五四）に成氏邸で上杉憲忠は暗殺された。このように十五世紀前半の関東地方は鎌倉公方と関東管領との対立を中心に血で血を洗う争いが続いていた。

十五世紀後半の群雄割拠

鎌倉公方・足利成氏による関東管領・上杉憲忠の暗殺はさらに大きな争いの引き金となった。成氏は憲忠暗殺後、上杉家側の上杉憲秋《のりあき》（氏憲の息子）・上杉顕房《あきふさ》と分倍河原《ぶばいがわら》（現・東京都府中市）にて戦い、両者を討ち取った。上杉顕房は、山内

鎌倉公方・足利家

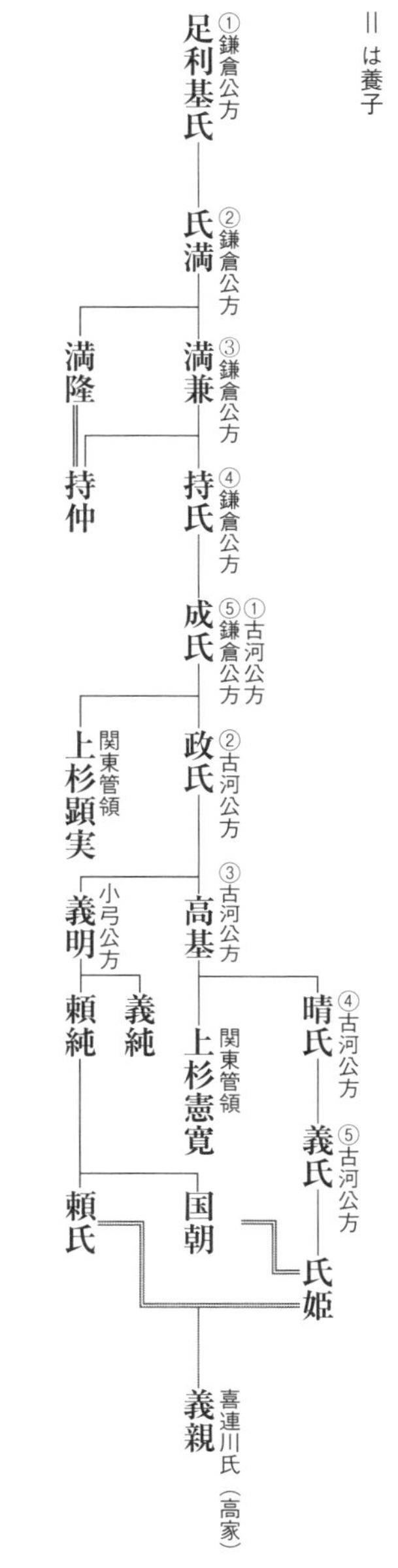

上杉家系図

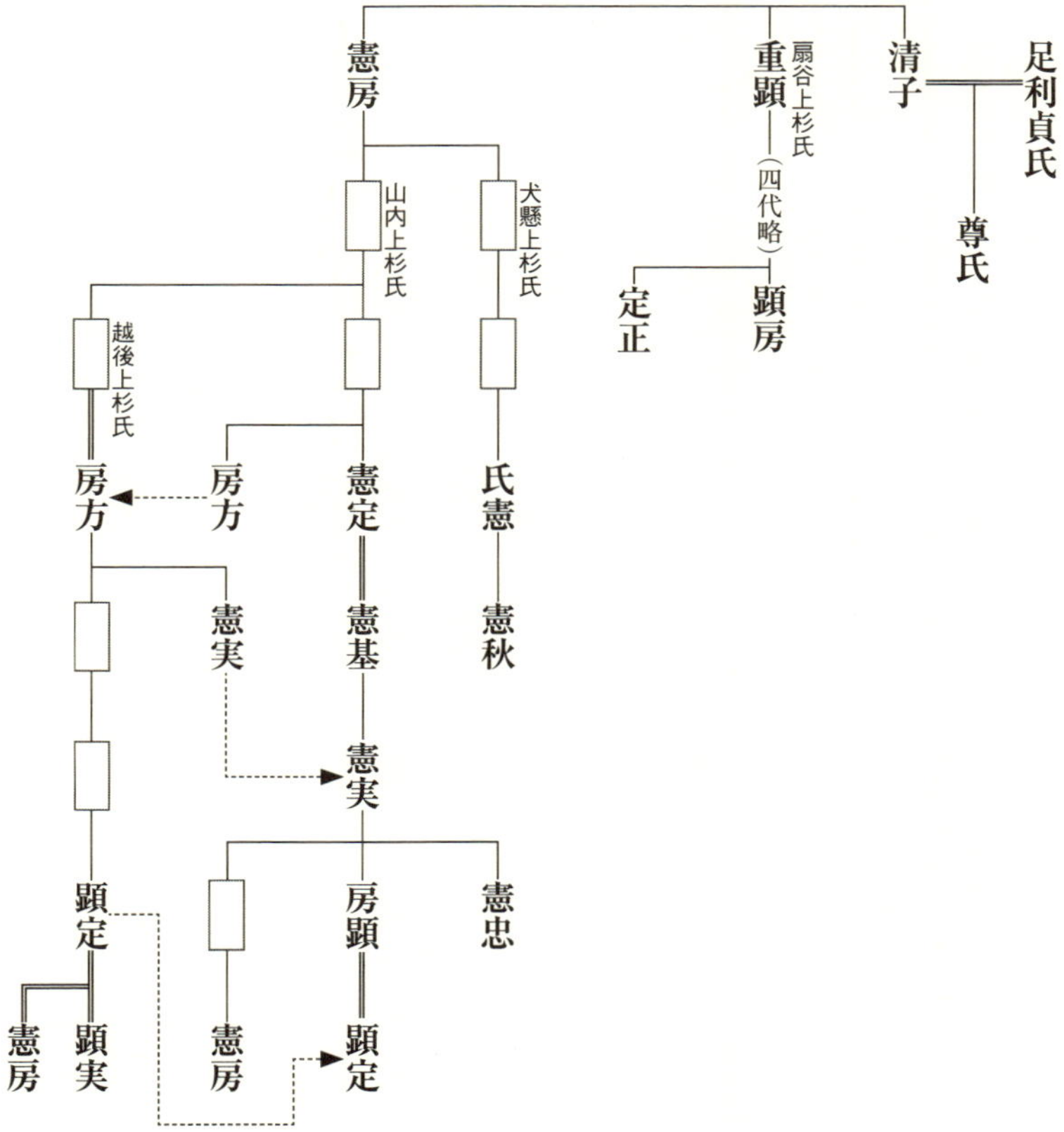
足利貞氏
清子
尊氏
重顕
扇谷上杉氏
（四代略）
顕房
定正
憲房
山内上杉氏
犬懸上杉氏
越後上杉氏
房方
房方
憲定
氏憲
憲実
憲基
憲秋
憲実
顕定
房顕
憲忠
憲房
顕実
憲房
顕定

上杉氏同様、鎌倉公方に仕えた扇谷《おおぎがやつ》上杉氏の当主であった。その後、成氏は鎌倉ではなく、鎌倉公方御料所の拠点であり、成氏を支持する武将が多かった古河《こが》(現在の茨城県古河市)を本拠地とした。このため、成氏以降は「古河公方」と呼称される。

一連の足利成氏の行動に対して、幕府は再び鎌倉公方討伐を決め、上杉氏や諸武将に攻めさせるのみならず、朝廷を巻き込んで、後花園《ごはなぞの》天皇による成氏征伐の綸旨《りんじ》(天皇の命令書)が発給された。だが、成氏は関東各地を転戦し、上杉軍の攻撃を防いでいたので、幕府は対抗策として、長禄二年(一四五八)に八代将軍の異母弟(実際は異母兄)である足利政知《まさとも》を鎌倉公方として派遣した。関東に二人の鎌倉公方が並び立つこととなり、文明十五年(一四八三)の和睦まで、関東での戦争は続いた。

このような複雑な状況は味方同士であった者まで対立に至ることとなる。扇谷上杉氏の当主・定正《さだまさ》は分倍河原の戦いで敗死した上杉顕房の弟だが、山内上杉氏の当主・顕定(憲忠の義理の甥)と対立し、長享元年(一四八七)十一月以降、下野・上野・武蔵で合戦が繰り広げられることとなった。この争いに足利成氏の息子・政氏は扇谷上杉家に加担、一方、山内上杉氏には顕定の実家である越後上杉氏の諸武将が味方となった。この上杉氏内部の争いは扇谷上杉定正の死と、古河公方・足利政氏《まさうじ》が山内上杉氏を支持したことによって、永正二年(一五〇五)に山内上杉氏が有利な条件で和睦が成された。

しかし、この和睦も関東の平和には結び付かなかった。永正三年から古河公方・足利政氏とその息子である高基《たかもと》との対立がはじまり、再び関東全域を巻き込んだ戦乱に発展したのである。そしてその頃、関東を虎視眈々と狙う新たな虎が出現していた。伊勢《いせ》宗瑞《そうずい》こと北条早雲《ほうじょうそううん》である。

武田氏による小弓御所擁立と宗長「東路のつと」

このような関東の状況を踏まえて、本書の舞台である小弓に焦点をあててみよう。この時期の小弓地域を領していたのは原氏であった。原氏は本佐倉《もとさくら》城に住した千葉氏と結び、上総国真里谷《まりやつ》（現・木更津市）の武田氏と戦っていた。武田氏は鎌倉公方・足利成氏に与しており、成氏の上総における拠点として評価されている。

真里谷武田氏の信勝《のぶかつ》・信清《のぶきよ》父子は原氏との戦いに勝利し、房総地域における地位を優位にすべく、後ろ盾として一人の人物に目をつけた。古河公方・足利政氏の息子で、高基の弟である空然《くうぜん》という僧侶である。空然は「雪下殿《ゆきのしたどの》」と呼ばれ、鶴岡八幡宮若宮別当《つるがおかはちまんぐうわかみやべっとう》の職にあった。兄・高基の軍事行動に連動した活動をしていたが、その後、下野の諸武将らを味方につけて独立的な動きを見せるに至り、

北条早雲
（小田原城天守閣蔵）

還俗《げんぞく》して義明《よしあき》と名乗ることになった。

上総の武田信勝・信清父子は原氏の居城である小弓城を攻め落とし、永正十五年（一五一八）、ここに足利義明を招いた。古河公方からは独立的な動きを見せていたが、政氏からは後継者として目されており、武田氏としてはまたとない人物を擁立することに成功したのであった。

ところで、原氏が小弓城を追われる前の永正六年、柴屋軒宗長《さいおくけんそうちょう》という人物が関東を訪れている。柴屋軒とは駿河国丸子《まりこ》（現・静岡県静岡市駿河区丸子）に宗長が構えた草庵の名称だ。彼は連歌《れんが》（和歌と同様に五・七・五・七・七で詠むもので、上の句と下の句を別々の人が読むスタイル）に生きた人物であり、各地を遍歴した。この戦国の時代に悠長なことだと思われるかもしれないが、全国各地の大名や武将で連歌を嗜む者は少なくなかった。

宗長は永正六年七月に柴屋軒を出発し、武蔵国勝沼《かつぬま》（現・東京都青梅市）や北武蔵から上野国を廻り、十一月には小弓の地に入っている。ここでは盛大な歓迎を受けた模様で、宗長は「梓弓磯辺に幾代霜の松」と詠んだ記録が遺されている。外山信司氏の研究によれば、『古今和歌集』の和歌「梓弓磯辺の小松たが代にか万代かけて種をまきけん」を踏まえて、小弓と「梓弓」（梓の木で作られた弓。神事や魔除けに用いられた）をかけて原氏の安寧を祝ったものと解釈されている（「戦国の房総を訪れた連歌師宗長――「東路のつと」を読む――」）。

成田名所図会の足利（小弓）義明
（国立公文書館蔵）

③

関東の覇権、決す――足利義明の討死と北条氏

小弓御所・足利義明の登場は関東に旋風を巻き起こした。しかし新興勢力である北条氏との戦いによって、小弓御所は滅亡。生実の地は新しい時代へと進んでいく。

伊勢宗瑞・北条氏綱父子の台頭と侵攻

関東の戦国大名といえば、「下剋上《げこくじょう》」の代名詞である北条早雲を祖とする小田原北条氏であろう。北条早雲は本名を伊勢盛時《もりとき》といい、足利将軍家の重臣・伊勢氏の一族で、政治的な判断の中で娘を駿河守護・今川義忠《よしただ》に嫁がせていることから、「下剋上」ではなかったことが、近年では明らかとなっている（家永遵嗣「北条早雲研究の最前線」）。伊勢盛時は今川氏を助けつつ、伊豆を拠点に勢力を伸ばし、やがては伊豆で独立した。当時、伊豆には古河公方・足利成氏に対抗するために派遣された足利政知の息子・茶々丸《ちゃちゃまる》が堀越公方《ほりこし》と称して伊豆国堀越（現・静岡県伊豆の国市寺家）に居を構えていた。堀越公方の居館は現在でも「御所之内」などの地名が遺されており、国指定史跡に指定されている。

伊勢盛時は伊豆での支配を確固たるものするため、堀越公方・足利茶々丸と合戦を繰り広げ、ついに明応七年(一四九八)に足利茶々丸は自害した。堀越公方居館近くの真言宗願成就院《がんじょうじゅいん》には茶々丸の墓所がひっそりと遺されている。

当初は利害の一致から山内上杉顕定とも手を結んだ盛時であったが、すぐに山内上杉氏とも対立し、相模《さがみ》国へと侵攻する。そして、小田原(現・神奈川県小田原市)の地を得て、盛時の息子・氏綱《うじつな》はここを拠点と定めた。小田原北条家五代の栄華の幕開けである。

国府台の戦いにて足利義明死す

ここで今一度振り返ってみよう。十六世紀前半の関東は、山内上杉氏と古河公方、新興勢力である小田原北条氏、房総半島には安房国に里見《さとみ》氏がおり、房総半島には古河公方から脱した小弓公方、さらには多くの諸武将がそれらとつかず離れず跋扈《ばっこ》していた。もちろん、今日の友は明日の敵、一言では言い尽くせない敵・味方の状況が関東全体に広がっていた。

ここではあくまでも小弓、すなわち小弓公方・足利義明に絞ってみたい。義明は永正十五年(一五一八)に小弓城に招かれた後、兄の高基と対立が深まり、各地で合戦が勃発。小田原の北条氏綱は足利義明と懇意にしながら、勢力を拡大していった。その後、高基とその息子・晴氏の対立による高基の隠居、安房の里見氏の内部分裂、足利義明を擁した真里谷武田氏の内部分裂などの混乱の中、北条氏綱は武蔵南部を掌中に収めていた。

　北条氏は武蔵国のみならず、房総半島まで勢力を拡大していった。そして、小弓公方が成立した永正十五年から二十年を経た天文年間。勢力図は変わっていた。

　小弓公方・足利義明は劣勢を挽回すべく、天文七年（一五三八）十月七日、北条氏に戦いを挑んだ。第一次国府台《こうのだい》合戦といわれる戦いである。国府台とは、現在の市川市にある台地で、当時は城が築かれており、周囲が平地であるから当該地域の要害といい得る場所だ。

　この戦いに関するは史料は必ずしも多くない。ただひとつ、重要な点がある。それはわずか一日の戦いにおいて小弓御所・足利義明とその嫡男である義純《よしずみ》、常陸国を拠点に軍事行動を行なっていた義明の弟・基頼《もとより》を含め、多くの小弓御所陣営が討ち死にしたのである。義明の死は小弓公方の居館に伝えられ、義明の妻も自害したと言われている。現在ＪＲ内房線八幡宿駅の近くに義明夫妻のものと伝えられる五輪塔が二基建っている。

　小弓公方の歴史はここで幕を閉じるが、後日談を紹介しよう。義明の二男・頼純は安房の里見氏のもとに落ち延びて成長した。その後、頼純の息子は古河公方の末裔の氏姫《うじひめ》と結婚。ここに至ってようやく小弓公方と古河公方はひとつになる

足利義明夫妻墓

ことができた。時はすでに流れて、天正十九年（一五九一）。古河公方はもちろん、本家である足利将軍家も征夷大将軍ではなく、関東を戦火で蹂躙《じゅうりん》した山内・扇谷上杉氏も小田原北条氏によって衰退させられ、その北条氏も豊臣秀吉《とよとみひでよし》に攻められて、完全降服をさせられた後の話である。その後、鎌倉公方の末裔であるこの足利家は、江戸時代に居所《きょしょ》となった喜連川《きつれがわ》（現・栃木県さくら市喜連川）の名から喜連川と称し、江戸時代を生き抜いていくこととなった。

国府台の戦い後の生実

第一次国府台合戦によって小弓御所と称された小弓城は焼き払われ、再び、原氏が生実の地に戻ってきた。当主の原胤隆《たねたか》は小弓城の北に新たな城を築き、ここを居城とした（一般的に北小弓城と称される）。この北小弓城こそが、本書の主人公である生実藩の居館である陣屋の地である。

原氏は千葉氏の重臣として安房国の戦国大名・里見氏と対峙した。また、同じく千葉氏の重臣である臼井《うすい》氏の後見的役割を果たし、生実の地に復帰した原氏は下総国に大きな影響をおよぼした。原胤隆の息子・胤清《たねきよ》は房総地域の信仰の要であった千葉妙見宮《みょうけんぐう》を主君である千葉利胤《としたね》とともに再興した。千葉妙見宮とは、現在でも千葉駅の近くに鎮座する千葉神社のことである。この「妙見」とは北極

龍光寺の喜連川家墓所
（栃木県さくら市喜連川）

星のことであり、仏教や道教、陰陽道《おんようどう》などが混在した信仰でその姿は鎧《よろい》に剣をかざした姿をしている。千葉妙見宮は源頼朝の崇拝はもちろん、千葉氏が信仰の拠り所にした神社であったが、荒廃してしまったため、天文年間（一五三二〜一五五五）に再建したのであった。

原氏は胤隆・胤清・胤貞《たねさだ》・胤栄《たねひで》と、当地域をはじめとして下総国全域に勢力をおよぼした。房総の名族・千葉氏の重臣として、そして北条方の武将として重要な役割を果たしたといえよう。しかし、戦国時代末期、時代は大きな変化を向かえていた。天正十八年（一五九〇）、豊臣秀吉による小田原征伐が行なわれ、原胤栄は北条方につくが、その頃三十九歳の若さで亡くなってしまったのである。一説には、徳川家康《とくがわいえやす》の家臣である酒井家次《さかいいえつぐ》と野田十次ヶ原《のだじゅうじがはら》（現・千葉市緑区誉田）で戦い、討ち死にしたともいわれているが、これは誤りであるようだ。

小田原征伐の後、原氏は生実の地を追われたが、胤栄の息子・胤信《たねのぶ》は徳川家康の家臣となる。胤信の経歴を追ってみよう。成長した胤信は徒組頭《かちぐみがしら》・鉄砲組頭などを歴任して、信濃国高遠《たかとお》に所領を持つこととなった。その頃、国内で流行していた新宗教であるキリスト教の洗礼を受けたようである（洗礼名はジョアン）。慶長十七年（一六一二）以降、江戸幕府によるキリスト教の禁教が進んでいく中、胤信は信仰を棄てることができなかった。そのため、胤信は捕えられ、手足の指を切断され、額に十字の形の烙印《らくいん》が押され、追放されることとなった。この場合の手足の指の切断という身体刑は誓約的な意味合いとともに逃亡などを防ぐ意味があったものと思われる。しかし、棄教しなかったために元和九年（一六二三）、宣教師四七名とともに火あぶりの刑となった。現在、胤信らが処刑された旧高輪《たかなわ》大木戸《おおきど》のあったところは都旧跡として「元和キリシタン遺跡」の碑と大木戸の石垣が遺されている。

生実郷大巌寺

原氏によって創建され、生実の地の浄土宗寺院である大巌寺《だいがんじ》（現・千葉市中央区大巌寺町）を見てみよう。浄土宗龍澤山《りゅうたくさん》大巌寺は、原胤栄が天文年間（一五三二〜一五五五）に創建した。本尊は阿弥陀如来。開山は道誉貞把《どうよていは》であり、のちに臼井（現・佐倉市臼井田）の長源寺《ちょうげんじ》の開山も行なった。現在では長源寺の墓地に大きな五輪塔と近世後期の卵塔が建てられ、そこに眠っている。臼井と言えば、千葉氏の重臣の家であり、原氏が後見役を務めたことでも知られている臼井氏の本拠地だ。長源寺開山にあたっては、原氏・臼井氏の大きな後押しを受けての開山である。なお、のちに徳川将軍家の菩提寺となる増上寺《ぞうじょうじ》の第九世貫主《かんじゅ》を務めたのも道誉であった。

大巌寺は、原氏による庇護の後、徳川家康による庇護を受け、寺領として七貫五〇五文が安堵され、近世の寺領は百石であった。もともとは近世の北生実村・南生実村とともに大巌寺領も生実の地として位置づけられていたが、近世には村切をし、大巌寺領のみは「生実郷《ごう》」と称されるようになった。

　この大巌寺は関東一八檀林のひとつに数えられている。檀林とは、浄土宗の学問所・養成所のことであり、近世の浄土宗において大きな位置を占めた一八の寺院である。どの寺院も著名であるが、徳川将軍家の菩提寺・増上寺、家康の母・於大《おだい》の方や豊臣秀頼《ひでより》の妻である千姫《せんひめ》が眠る伝通院《でんつういん》（現・東京都文京区）、松平定信《まつだいらさだのぶ》の墓所である深川霊巌《れいがん》寺（現・東京都江東区）、関東浄土宗の総本山である光明《こうみょう》寺（現・神奈川県鎌倉市）などが檀林に該当する。

　そのような寺院であるため、浄土宗の高僧が多く輩出し、第三世雄誉《ゆうよ》霊巌は前述の霊巌寺を開き、第十六世然誉《ねんよ》沢春《たくしゅん》は駒形観音堂（現・千葉市稲毛区長沼町）の駒形大仏を建立した。

　現在、大巌寺は本堂・書院が国の登録有形文化財に指定されている。

霊巌寺（東京都江東区）

これも生実

「宇多源氏宗族」という近代華族制度

明治維新によって堂上公家と大名の区別が表向きはなくなり、先祖を同じくする宗族《そうぞく》というまとまりになった。明治九年（一八七六）のことである。これは「皇室の藩屏」を担うべく、一致団結していくことを維新政府が求めたためであった。宗族制度は平安時代初期に嵯峨《さが》天皇によって編纂が進められた『新撰姓氏録』に基づいた七六種類の一族結合体で、『華族類別録』が作成された。もちろん江戸時代に創造された系譜に基づいている。

森川家は宇多《うだ》源氏の末裔を称している。その由緒を遡って検証することもできない。それは多くの江戸時代の大名と同じである。宇多源氏とは、九世紀後半に在位した宇多天皇の末裔で源氏を与えられた家であり、源頼朝《みなもとのよりとも》・義経《よしつね》らを輩出した清和源氏とは異なる。著名なところでは「バサラ大名」と称された佐々木道誉《ささきどうよ》は宇多源氏の中でも近江国（現・滋賀県）に勢力を伸ばした武家の一族だ。

維新政府によって定められた宗族制度は維新期の混乱故《ゆえ》か、案外スムーズに受け入れられた。宇多源氏宗族の人々は明治十年九月に現在の京都市右京区御室住吉山町に「宇多源氏始祖追遠碑」を建立した。これは始祖である源雅信《まさざね》（宇多天皇の孫）を顕彰するためである。この碑文に名を連ねたのは、堂上公家の庭田・綾小路・五辻・大原・慈光寺、大名の黒田・京極・朽木・森川・亀井などであった。

さらに彼らは結束を深めるべく「宇多源氏宗族条約」を作成している。ここには家督相続・隠居・財産・貸付など多岐にわたる取り決めだが、その中でもかなり多くの紙面を割いているのが、「太祖ノ祭祀」などの源雅信の亡くなった日の祭祀に関する記述である。

なお、「宇多源氏始祖追遠碑」に名を連ねた森川俊方はこの石碑が建立された直後に二十八歳の若さで亡くなっている。新しい時代に対する様々なストレスがあったのであろうか。

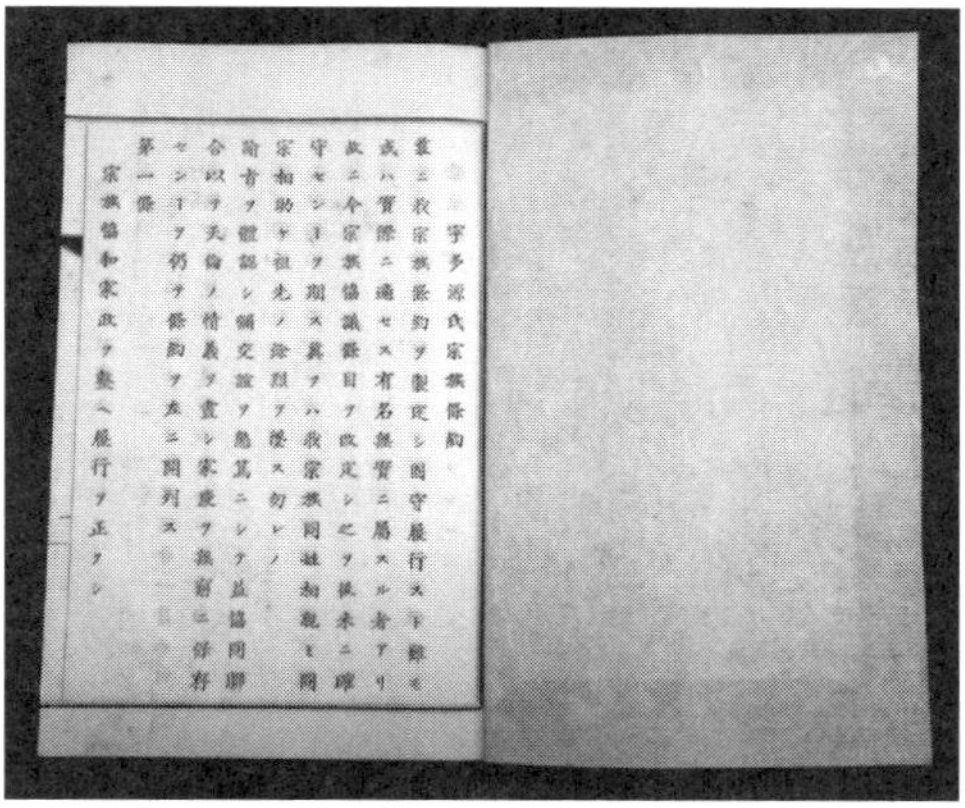

「三十一類　宇多源氏宗族条約」（千葉県文書館）

これも生実

七廻塚古墳と機織り伝説

　千葉市立生浜東小学校は、生実町にある小学校である。もともとは生浜中学校が建てられていたが、昭和五十八年（一九八三）に南生実町へ移転し、翌年から同校舎を利用して生浜東小学校が新設された。

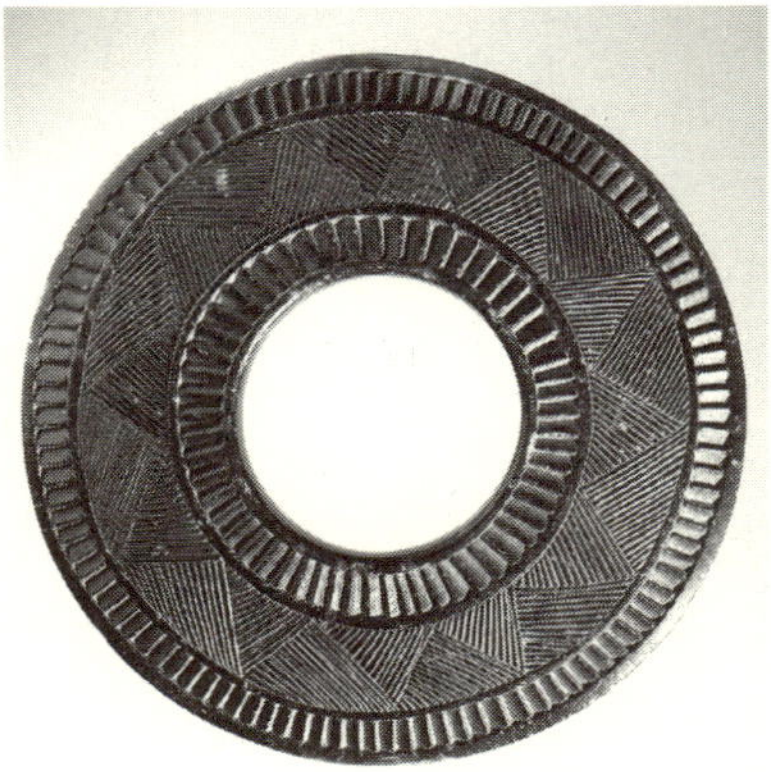

石釧
（千葉市埋蔵文化財センター蔵）

　生浜東小学校のある土地は、村田川流域の台地上の地形であり、戦国時代の小弓城の出城であり、古代以来の大きな塚があった。昭和三十三年に校舎拡張工事のために発掘調査を行なった際、直径五四メートルにおよぶ県内有数の円墳であることがわかり、築造年代は五世紀後半、多数の遺構・出土品が見つかった。特に興味深いのは腕飾形石製品（石釧《いしくしろ》）であり、直径一六センチメートルを超える巨大なものだ。

　七廻塚《ななまわりつか》古墳は別名「姫塚」とも称され、地元の伝承としては、この塚を七回廻ると機《はた》織りの音が聞こえるという。「小弓」の地名の由来ともいわれている麻を織っている音であろうか。

　千葉県内には類似の伝承をもったお袖塚古墳が現存している。場所は袖ヶ浦市神納で、周囲五〇メートルの円墳だ。六世紀頃の円墳と推測されており、昭和五十三年には袖ヶ浦市指定史跡となった。

　残念ながら、七廻塚古墳は拡張工事のために消滅してしまったが、出土品は市指定有形文化財に指定されており、千葉市埋蔵文化財センターに保存・展示されている。

七廻塚古墳（千葉市埋蔵文化財センター提供）

　なお、この地域の遺跡・古墳は「生実・椎名崎遺跡群」と称され、発掘調査が進んでいる。詳細は『千葉県の歴史　資料編　考古2（弥生・古墳時代）』を御覧頂きたいが、遺跡地図も掲載されているので、それを手に古代の人々の足跡を辿ってみるのも面白いであろう。

第二章　将軍秀忠の側近となった森川重俊

初代生実藩主・森川重俊とその末裔たちは生実の地を治める。

① 謎の多い近世初頭の生実

小田原征伐後に関東を領することとなった徳川家康。軍事・交通・物流の拠点である生実の地は三河以来の家康近臣が領した。生実を領した西郷・酒井の両氏は江戸幕府の草創期を支えることとなる。

家康の関東入部と三河武士・西郷氏

豊臣秀吉の小田原征伐後、関東を徳川家康が領するようになった。近年の研究では、当時の関東は「未開な田舎」ではなく、流通の拠点・物資の集積地・東北と東海地方を結ぶ要衝《ようしょう》という評価が出されており、家康が関東に入部《にゅうぶ》した段階の生実も房総半島と江戸とを結ぶ重要な地点であった。そのため、三河《みかわ》以来の重臣・西郷家員《さいごういえかず》という武将に与えられた。この西郷氏について大名・旗本の系譜を記した『寛政重修《ちょうしゅう》諸家譜』を見てみよう。

西郷氏は三河国の東部の豪族で、三河国嵩山《すせ》の月谷城《わちがや》（現・愛知県豊橋市嵩山）に住した。「東海一の弓取り」と称された今川義元《よしもと》の配下となっていたが、桶狭間《おけはざま》の戦いで織田信長《おだのぶなが》に義元が討たれると、松平元康《もとやす》、のちの徳川家康に仕えた。

錦絵に描かれた今川義元（国立国会図書館蔵）

西郷弾正左衛門《だんじょうざえもん》家員は三方《みかた》が原《はら》の戦い・長篠《ながしの》の戦いに従軍し、天正十一年（一五八三）、徳川領国の東側の拠点である駿河国江尻《えじり》城（現・静岡県静岡市清水区江尻町）の守りを任された。なお、家員のいとこの女性・愛《あい》（西郷局《さいごうのつぼね》）は家康の側室となり、彼女が生んだのが二代将軍・秀忠《ひでただ》である。

天正十八年八月一日、家康は関東に入国し、同月十九日に西郷家員は下総国千葉郡生実の周辺で五千石の土地を拝領した。家員自身は生実の領地に住したようで、松平家忠《いえただ》の日記によれば、同二十年十月十四日に家忠が「おゆみ西郷弾正所」へ手紙を送っていることからもそのことがうかがえよう。

家員には忠吉《ただよし》・忠員《ただかず》・康員《やすかず》・正員《まさかず》の四人の男子が誕生したが、忠吉は庶子であったので家康の家臣の近藤秀用《ひでもち》（井伊谷《いいのや》三人衆。のちに遠江井伊谷藩一万五千石大名）の養子となり、忠員は関ヶ原の戦い後に三十二歳で、康員は大坂の陣直前に二十九歳の若さで亡くなってしまったため、最終的には家員のあとを正員が相続した。その後、正員は元和六年（一六二〇）九月に加増されて一万石の大名となり、安房国東条《とうじょう》藩主（現・千葉県鴨川市東町）となった。こうして西郷氏の生実地域支配は三十年にして終焉を迎えた。のちに西郷氏は減封《げんぽう》されて大名ではなくなってしまったが、それはのちの話。江戸時代初期の政権運営が不安定であった徳川将軍家にとって、西郷氏が生実の地に配された意味は大きい。

三方が原古戦場犀ヶ崖の碑

三代将軍の小姓を務めた酒井重澄

西郷正員が生実の地を離れた後、誰が生実を領有し、どのような統治であったかは判然としない。ただ、『寛政重修諸家譜』によれば、西郷氏による統治の後、ほどなくして酒井重澄《しげずみ》という人物が二万五千石の大名として生実地域を領していたことが記されている。そこで酒井重澄について、『寛政重修諸家譜』『徳川実紀』、そして新井白石《あらいはくせき》が著した『藩翰譜』より見てみよう。

酒井重澄は織田信長の重臣・金森長近《かなもりながちか》の養子である可重《よししげ》の七男として慶長十二年（一六〇七）に飛騨《ひだ》で誕生した。当時、祖父・長近は飛騨高山藩六万千石の大名であった。成長した重澄は三代将軍・家光《いえみつ》の小姓となり、この頃から重澄の出世がはじまる。まず、家光の命令によって老中・酒井忠勝《ただかつ》の苗字「酒井」を名乗ることとなり、従五位下山城守《やましろのかみ》の官位を得ることになった。さらに、時期は不明ながら下総国生実二万五千石を与えられるに至っている。家光の寵愛がうかがえよう。

寛永五年（一六二八）には江戸城の堀・門の普請《ふしん》が大規模に行なわれ、重澄も稲葉正勝《いなばまさかつ》（当時は下野国真岡《もうか》四万石。母は家光の乳母である春日局《かすがのつぼね》）・井伊直勝《なおかつ》（上野国安中《あんなか》三万石）・内藤忠重《ないとうただしげ》（志摩国鳥羽《とば》二万石）・新庄直好《しんじょうなおよし》（常陸国麻生《あそう》二万七千石余）

ともに紅葉山《もみじやま》の喰違《くいちがい》（土手や塀などが互い違いに作られているところ）の修築を行っている。紅葉山は家康の霊廟《れいびょう》が置かれた場所であり、のちには家康以来の書物やアーカイブズがこの地に移転し紅葉山文庫と称された。なお、紅葉山文庫は明治以降政府に引き継がれ、現在は国立公文書館内閣文庫に収蔵されている。

その後、重澄は同九年に大御所《おおごしょ》・秀忠の死去に伴い、銀二〇〇枚を拝領し、同年の家光による日光社参に従っている。

順風満帆に見えた酒井重澄だが、翌年、家光の怒りを買い、改易されてしまう。『藩翰譜』によるとその理由は、病気であると籠《こも》っていたにも関わらず、妻と妾《めかけ》にそれぞれ二人ずつの子どもを儲けたためであり、『寛政重修諸家譜』によれば、本来は死罪のところ死一等を許されて改易となったと記されている。改易された重澄は家康以来の老臣・水野勝成《みずのかつなり》（備後国福山十万千石）に預けられるが、そのことを恥と思った重澄は絶食により死去してしまう。病気を理由に妻と妾との間に子どもを儲けたことで改易、そして絶食による自死。時代状況を考えると、三歳年上の家光と重澄との男色、恋愛関係を想起されるが、残念ながら史料は遺されていない。

なお、西郷氏転封後、生実地域は幕府領として代官・高室金兵衛《たかむろきんべえ》が治め、のちに述べるように草刈堰《くさかりせき》建設を指導した。したがって酒井重澄がどれくらいの期間、生実を領したか、実際に領したのかなどは不明と言わざるを得ない。

千代田之御表日光社参
（国立国会図書館蔵）

その後の西郷氏と酒井氏

　西郷家員にしろ、酒井重澄にしろ、徳川家にとってみれば三河以来の武士だが、それ以上に徳川家当主との個人的なつながりが非常に強固な人物であり、その人物が生実地域を領していた。それは後述する森川重俊《もりかわしげとし》も同様である。生実地域の重要性を、領有した大名から指摘することができるのではないだろうか。では、西郷氏・酒井氏はその後どうなったのであろうか。

　安房国東条藩主一万石大名となった西郷氏だが、正員の孫（息子の延員の養子・寿員《ひさかず》）が元禄五年（一六九二）に下野国上田《かみだ》（現在の栃木県下都賀郡壬生町上田）へ転封となる。五代将軍・綱吉《つなよし》の中奥小姓を務めるものの勤務上の問題があり、改易され、五千石の交代寄合《こうたいよりあい》となってしまった。交代寄合とは、旗本であるにも関わらず参勤交代する家であって、大名並の待遇の旧家のことである。大名ではないものの、幕末まで家として存続していった。なお、西郷一族の中で会津《あいづ》藩の家老を務めた家もあり、幕末の会津藩家老・西郷頼母《たのも》やその養子である柔道家の西郷四郎（『姿三四郎』のモデル）が輩出している。

　一方、酒井重澄の場合、息子の重知《しげとも》も父の罪の連座によって、伯父の金森重頼《しげより》のもとに蟄居《ちっきょ》することとなる。そして、ようやく承応二年（一六五三）にそれま

西郷氏の子孫で会津藩の家老を務めた西郷頼母
（会津武家屋敷蔵）

での罪が許されることになった。父の罪によって「酒井」の苗字《みょうじ》を、父の実家である「金森」に変えていたがここで再び「酒井」姓に戻している。大名に復帰することは叶わなかったが、重知の息子・重英《しげひで》は二千石を拝領し、新番頭《しんばんがしら》・小姓組番頭・書院番頭・留守居を歴任した。その後、酒井氏は江戸幕府の旗本として、番頭《ばんがしら》などの重要な役職を歴任していく。

②生実藩の祖・森川重俊と森川氏

江戸時代の生実の地を領した森川氏。
その初代である森川重俊は、戦国武将として青年期を過ごし、徳川秀忠の寵愛を受ける。
しかし岳父である大久保忠隣の失脚で改易され、槍一本で大坂の陣に臨む。

生実藩主となった森川氏の祖とは

近世前期の寛永四年（一六二七）以降、明治維新後の版籍奉還に至るまで、生実地域は生実藩一万石の拠点として森川氏が治めることとなった。

『寛政重修諸家譜』によれば、森川氏は宇多《うだ》天皇（第五十九代天皇。在位は八八七～八九七）からはじまる宇多源氏の流れといわれ、もともとは堀部と称した。「バサラ大名」佐々木道誉《ささきどうよ》を輩出した近江佐々木氏の一族である堀部宗綱《むねつな》の息子・宗泰を初代としている。その後、数代にわたってまったく事績が伝わっていないが、堀部与四郎宗氏《むねうじ》は尾張《おわり》国比良《ひら》郷（現・愛知県名古屋市西区比良）に住して織田信長の父・信秀《のぶひで》に仕えたようだ。その際、苗字を「堀場《ほりば》」と改めている。

宗氏の孫・氏俊《うじとし》は家康に仕えることとなり、家康の仰せによって母方の苗字である「森川」を名乗ることとなった。氏俊は家康による永禄十一年（一五六八）の遠江国堀河城《ほりかわ》（現・静岡県浜松市北区細江町気賀）攻略、元亀元年（一五七〇）の織田・徳川連合軍と朝倉・浅井《あざい》連合軍による姉川《あねがわ》の戦い、同三年の三方《みかた》が原《はら》の戦いに従軍して大きな活躍をし、その後、長篠《ながしの》の戦い、小牧長久手《こまきながくて》の戦い、小田原征伐、九戸《くのへ》の乱など、家康の主だった戦に従っている。家康の関東入部後、武蔵国比企《ひき》郡内と上総国山辺《やまべ》郡内において二千石の領地を与えられた。本書で述べる生実藩森川氏は森川氏俊の三男・重俊にはじまる家だ。

なお、氏俊は関ヶ原の戦いの直前、慶長三年（一五九八）に五十四歳で亡くなり、領地のあった武蔵国比企郡大谷村（現・埼玉県東松山市大谷）の宗悟寺《そうごじ》に葬られ、氏俊の長男・氏信《うじのぶ》以降、この系統の森川氏の菩提寺となる。現在でも宗悟寺《そうごじ》には氏信の末裔である森川氏代々の宝篋印塔《ほうきょういんとう》が整備されており、東松山市指定文化財となっている。

森川重俊、徳川秀忠の小姓となる

天正十二年（一五八四）、森川重俊は父・氏俊、母・大村越前守某《なにがし》の娘の間に誕生した。大村越前守については不明だが、三河・遠江の土豪であろうか。重俊が生まれた時にはすでに織田信長はなく、秀吉と家康との対立が浮き彫りになり、

長篠の戦いのあった長篠城本丸跡（愛知県新城市）

小牧長久手の戦いが起こる年である。父はすでに徳川軍の勇将として活躍し、小牧長久手の戦いにも従うが、本戦ではなく尾張国比良の守りを任されている。比良といえば既述のとおり、氏俊の祖父・宗氏が居住した地である。『寛政重修諸家譜』には「古塁《こるい》」を守らせた、とあるが、『日本国語大辞典』によれば、「古塁」とは「古いとりで。昔のとりで」の意であると記されているので、廃された砦の守護をしたのであろう。詳細は不明ながら、佐々成政《さっさなりまさ》の父・成宗《なりむね》が築いたという比良城のことで間違いないものと思われる。比良城址には寛永二年（一六二五）に曹洞宗光通寺が建立された。

　重俊のふたりの兄、氏信・正次も小牧長久手の戦いには幼年のため参加していない。長兄である氏信は父に代わって慶長元年（一五九六）に与力六騎と足軽五〇人を任され、関ヶ原の戦いの発端となった上杉景勝《かげかつ》征伐や上田城攻めに参陣した。その際、重俊も長兄・氏信と行動をともにし、次兄・正次は家康に従っていたため関ヶ原の戦いに参戦している。

　慶長二年、重俊が十四歳の時に秀忠に御目見《おめみえ》を果たし、近習《きんじゅ》することとなる。長兄・氏信も十四歳で秀忠に御目見をし、次兄・正次は重俊と同年の慶長二年に家康に御目見をしている。長兄・氏信と重俊は秀忠へ、次兄・正次は家康の家臣となったわけである。徳川家の当時の家臣の分与《ぶんよ》として興味深い事例といえよう。

　すでに述べたように、重俊は長兄・氏信とともに関ヶ原の戦いには参加してお

絹本着色東照大権現像
（川越市立博物館蔵）

らず、上田城攻めに参加している。このあたりの事情について少し詳細を述べてみよう。

秀吉の死後、豊臣政権の運営サイドや諸大名の中で複雑な関係が露呈し、最終的には慶長五年に家康と諸将によって陸奥国《むつのくに》会津を治めていた上杉景勝討伐が決定した。家康と諸将の軍が下野国小山《おやま》（現・栃木県小山市）に到着した頃、大坂の豊臣秀頼のもとにいた石田三成《いしだみつなり》、また旗頭《はたがしら》としての宇喜多秀家《うきたひでいえ》（秀吉の養子）らが挙兵し、家康の家臣らが守る伏見《ふしみ》城を攻撃した。なお、この段階では（そしてその後も）単純な「徳川家康軍」対「石田三成軍」という構図ではなく、非常に複雑な外交戦・心理戦があったが、本書では割愛しよう。

小山で石田三成らの挙兵の報を受けた家康はそのような外交戦・心理戦を巧みに乗り越え、東海道側と中山道側の二軍に分けて、西へ西へと向かった。本書の中心である森川重俊は兄・氏信とともに中山道側の総大将である徳川秀忠の軍の一員として西へ向かった。秀忠に従うのは徳川家の家臣である榊原康政《さかきばらやすまさ》・酒井忠次・大久保忠隣《おおくぼただちか》・石川康長《やすなが》・本多忠政らで、石田三成らを討つべく、九月二日には中山道の信濃国小諸《こもろ》（現・長野県小諸市）に到着した。しかし、秀忠軍は上田城に籠る真田昌幸《さなだまさゆき》に行く手を阻まれてしまい、上田城とその周辺で時間を取られることとなってしまった。結局、秀忠軍は関ヶ原の戦いそのものに参加することはできなかった。

上田城

なお、上田城の真田昌幸による様々な計略のために徳川秀忠軍が関ヶ原の戦いに参加できなかったという評価が戦前の陸軍参謀本部編『日本戦史　関原役』でも述べられているが、詳細は不明である。

重俊失脚と大坂の陣参戦

関ヶ原の戦いののち、慶長八年（一六〇三）二月十二日、徳川家康は征夷大将軍に任じられた。後継者であり、森川重俊が仕えた秀忠も四月に右近衛大将《うこのえたいしょう》に任じられている。二年後、秀忠が征夷大将軍に任じられて、将軍宣下《せんげ》の拝賀《はいが》（叙位・任官に際して天皇に対し礼を述べる儀式）をする際、重俊はこれに従い、上洛を果たす。上洛にあたって、重俊は従五位下内膳正《ないぜんのかみ》の官位を与えられている。当時はまだ領地を持っておらず、従五位下は大名と同等の位階であることから、重俊がいかに寵愛を受けていたかがうかがえよう。

重俊がいつ頃結婚したかは不明ながら、慶長十三年に長男・重政《しげまさ》が誕生しているのでこれ以前であろう。妻は徳川家の家臣である設楽貞清《したらさだきよ》の娘で、秀忠の重臣・大久保忠隣の養女となった人物である。設楽貞清には忠隣の妹が嫁いでいるため、忠隣は姪を養女としたことになる。

重俊の兄・氏信は関ヶ原の戦い後に千石が加増され、全体で三千石を領することとなった。一方、重俊は慶長十四年に下野国内で三千石が新たに与えられている。どこの土地を与えられたかは不明であり、この段階まで兄の家の部屋住みとして生活していたということなのであろうか。ただし、『徳川実紀』によれば、「秀忠よりの寵愛が浅からず、近習となって番頭《ばんがしら》を務めた」と記されており、兄よりは独立していたと見てよかろう。

重俊に大きな転機が訪れるのが慶長十九年である。岳父《がくふ》である大久保忠隣が失脚し、改易させられてしまい、彦根《ひこね》藩・井伊直孝《なおたか》にお預けの身となってしまったのだ。大久保忠隣失脚の理由は、家康の側近である本多正信《まさのぶ》・正純《まさずみ》親子による策略とも評価されている。『寛政重修諸家譜』によれば、重俊は忠隣の息子・忠常《ただつね》が病となってしまい、それを見舞うため、無断で小田原に赴いたために改易されたと記している。一方、『徳川実紀』によれば、大久保忠隣の失脚に伴う連座で、忠隣の養女を妻にもつ重俊は酒井家次（上野国高崎五万石藩主）に預けられることとなってしまった。

失意の重俊のさらなる転機はすぐに訪れる。慶長二十年の大坂夏の陣において酒井家次の軍勢として参戦し、五月六日の戦いで戦功を上げ、翌七日の大坂方が最後に打って出た天王寺《てんのうじ》の戦いでも敵を討ち取っている。この天王寺の戦いとは、真田信繁《のぶしげ》（一般に幸村《ゆきむら》として知られている人物）・毛利《もうり》勝永《かつなが》ら豊臣軍が徳川軍の先鋒《せんぽう》・本多忠朝《ただとも》を討ち取り、徳川家康本陣にまで迫ったが、あと一歩のところで逃して

天王寺の戦いの舞台になった史蹟茶臼山及河底池
（大阪府大阪市天王寺区）

しまった戦いである。家康最大のピンチと評されている戦いだ。その戦いで重俊は見事に軍功を上げることができた。

この戦いには大久保忠隣の失脚によって連座した人びとも参戦し、軍功を上げたため、再び召し抱えられることとなった。この時に再度召し抱えられた人物は重俊のほかに、青山幸成《ゆきなり》（のちに摂津国尼崎五万石藩主。秀忠大御所期の西丸《にしのまる》老中）・朝比奈《あさひな》泰勝《やすかつ》（のちに大番頭・紀州徳川頼宣《よりのぶ》に仕える）などがいた。

③ 幕政における重俊

大坂の陣で武功を上げた森川重俊は、再び徳川秀忠に仕えることを赦される。
さらには生実の地を領して一万石の大名になった。
秀忠の寵愛によって西丸老中の重職に任じられる。

重俊による生実藩の誕生

大坂の陣の後、罪を赦《ゆる》された森川重俊だが、残念ながら数年間の事績の詳細は伝わっていない。寛永四年（一六二七）に下総国・上総国（いずれも現在の千葉県の一部）・相模国（現在の神奈川県の一部）で一万石を拝領した。この時に「内膳正」の官職では板倉重昌《いたくらしげまさ》と同じであるため、出羽守《でわのかみ》と改めている。なお、江戸時代の武士の官職は幕府によって決められるものであり、その実質的な支配権（例えば、出羽守なら出羽国の支配権）はない。天皇・朝廷は官位叙任のための文書を発給するのみの役割であった。ただし、当時の幕閣および大名の中で同じ官職をもつ者が複数名いる事例は多く、出羽守改称の逸話もどの程度正しいか不明である。

さて、重俊が生実を拝領する以前の状況を再度確認しておこう。同時代の史料が乏《とぼ》しいため、すべて後世の史料に依拠せざるを得ないのだが、重俊は寛永四年以降に領地を与えられ、「やがて一万石となった」という記述のみが史料上で確認できる。既述の通り、西郷氏が元和六年（一六二〇）九月に転封となった後、酒井重澄が生実の地を領したものと推測されるが、この点は十分な史料が遺されていない。寛永十年に重澄は改易されているが、ほぼ同時期に幕府代官・高室金兵衛が治めて草刈堰建設に当たっている。重俊の所領拝領時期もあいまいであることから、一六二〇〜三〇年代の生実地域の領有関係は判然としないといえよう。しかし、近世政治史研究を牽引してきた藤井譲治氏によれば、重俊は寛永五年九月以降に幕府年寄連署奉書への加判《かはん》（後述）が認められるようであり、寛永四年ないし五年には生実の地を領して大名に列したものと思われる（『江戸幕府老中制形成過程の研究』）。

　寛永五年は重俊にとっても大きな意味をもった年でもある。十五歳になった長男・重政が大御所《おおごしょ》・秀忠に拝謁することとなり、二男・重名《しげな》が将軍・家光に拝謁した上で近侍することになったのだ。なお、重名は小姓組番頭や四代将軍・家綱《いえつな》の側衆《そばしゅう》を歴任して、六千石の大身の旗本となって、その後代々番頭に就任している。また重俊の三男・重頼は寛永十三年に将軍・家光に拝謁して、旗本となっている。のちに六百石取《どり》の旗本として活躍した。

　重名の末裔は後述する生実の重俊院《ちょうしゅんいん》を菩提寺とし、重頼は重俊院に葬られた

徳川秀忠画像（写し）
（東京史料編纂所蔵）

森川家系図

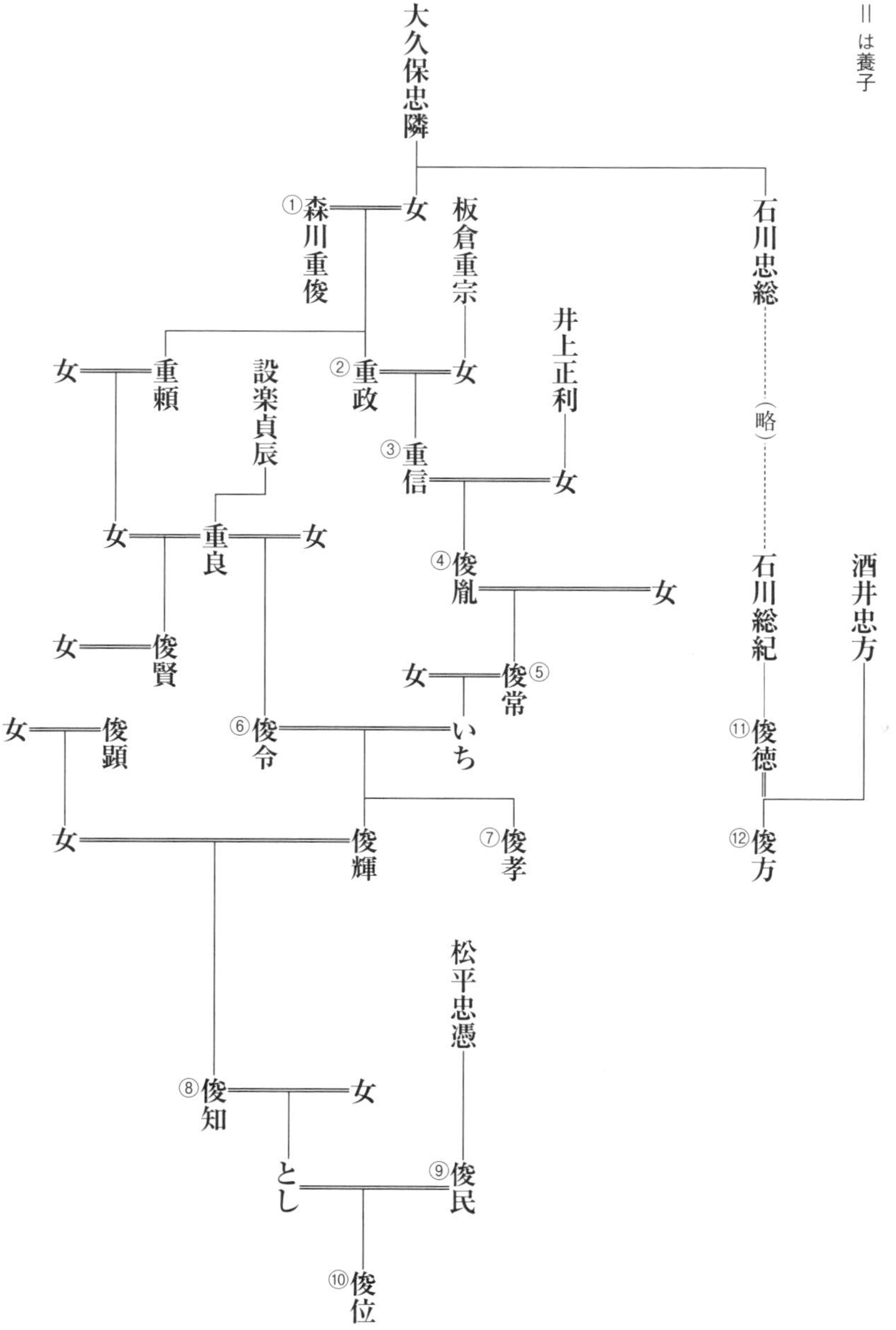

＝は養子
大久保忠隣
①森川重俊
女
板倉重宗
石川忠総
女
重頼
設楽貞辰
②重政
女
井上正利
(略)
③重信
女
女
重良
女
④俊胤
女
石川総紀
酒井忠方
女
俊賢
女
俊常⑤
⑪俊徳
女
俊顕
⑥俊令
いち
女
俊輝
⑦俊孝
⑫俊方
松平忠憑
⑧俊知
女
とし
⑨俊民
⑩俊位

が、末裔は江戸千駄ヶ谷の瑞円寺を菩提寺としたようだ。

寛永五年西丸年寄就任

江戸幕府の政治担当者のうち、将軍や将軍を後見するために臨時的に設置される大老《たいろう》を除くと、そのトップは老中である。今でこそ「ろうじゅう」と称するが、「老」は老いるの意だけではなく、「おとな」であるため、「おとなちゅう」と呼んだものと推測される。そして、江戸時代初期はまだ老中制が確立しておらず、後年の老中に該当する人びとのことを年寄《としより》と称していた。なお、すでに紹介した藤井譲治氏の研究によれば、老中を頂点とした幕府政治機構の成立は寛永十五年（一六三八）の年末である。本章の主人公・森川重俊が年寄を務める段階ではいまだ政治機構の確立に至っていない。

その重俊が年寄に就任した正確な時期は不明である。元和九年（一六二三）に秀忠は将軍職を息子の家光に譲り、大御所と称され、江戸城西丸に移るようになるが、重俊が幕政（後述するように、重俊の政治的な動向は確認し得ない）に登場するのはずっと後のことだ。『寛政重修諸家譜』によれば、「寛永八年に奉行職に列して奉書に加判する」と記されている。この「奉行職」とは幕府年寄、すなわちのちの老中のことであるが、藤井譲治氏の研究によれば、遅くとも寛永五年九月十三日付《づけ》の薩摩《さつま》藩主・島津家久《しまづいえひさ》に対する西丸茶会に招待した段階では重俊が「老中奉書」に加判しており、後述するように西丸老中・井上正就《いのうえまさなり》の後任として青山幸成とともに西丸年寄に就任したものと思われる。すなわち、『寛政重修諸家譜』の誤記が指摘できよう。

ところで、ここに登場する「老中奉書」とは何か。そもそも「奉書」とは、主君の命令を受けた家臣が差し出す文書の様式のことである。天皇や関白などの公家社会、鎌倉・室町幕府、戦国大名などに多く用いられ、文書を差し出した人物を「奉者」と称した。江戸幕府の場合、当然徳川将軍の命令を受けて老中が出す文書のことである。奉書には「主君からの命令を受けて差し出す」という文言が付けられているのが一般的だ。

具体例を見てみよう。次の史料は国文学研究資料館が所蔵している「土浦土屋家文書」のうち、元禄五年（一六九二）四月二十五日に老中から土屋相模守（政直）に出された老中奉書を現代語訳したものである（史料上の括弧内は筆者が補った内容である）。

常陸国土浦城本丸より巳午の方角（ほぼ南南東）の大手門脇堀の柵が破損したこと、丑寅の方角（北東）の土手のあちこちに藪を植えて修繕すること、絵図と書付の内容を確認致しました。願いの通り修復することを申し付けます。恐々謹言（書止文言《かきとめもんごん》）。

この文章に引き続いて、老中の阿部豊後守正武・戸田山城守忠昌・大久保加賀守忠朝の名前と花押《かおう》（サイン）が据えられている。内容は土屋家より提出された土浦城修築の願いを許可するというものだが、よく見ると主君である徳川将軍が命じたという一文が記されていない。既述の通り、奉書とは「主君からの命令を受けて差し出す」という文言が付けられているものなのだが、江戸幕府による老中奉書はこのようなスタイルであった。なお、ここで述べる江戸時代初期は老中ではなく、年寄の語が用いられていたため、以下の行論《こうろん》では年寄として話を進めたい。

さて、年寄＝老中と言えば、幕政を担う存在だが、就任した人びとの権力は同等ではない。藤井譲治氏の研究に従い、年寄＝老中の位置づけを年寄連署奉書への加判という点から確認してみよう。

すでに「年寄連署奉書」という語については触れたが、これは「年寄＝老中が連名で将軍の意向を奉じて発給する書状」のことである。「加判」とは奉書に名前を記し、花押を据えることである。秀忠大御所期の年寄連署奉書を詳細に分析した藤井氏は次の四つのタイプに奉書を分けて、政治的な機能を明らかにした。①本丸西丸年寄連署奉書。諸大名に関わる幕政上重要な内容の奉書。②本丸西丸年寄筆頭連署奉書。本丸筆頭年寄・酒井忠世《ただよ》と西丸筆頭年寄・土井利勝《どいとしかつ》によるもので、①同様に幕政上重要な内容の奉書。③本丸年寄連署奉書。将軍・家光に関

初代重俊の遺翰より初代重俊の花押
（千葉県文書館蔵）

する用件のみの奉書。④西丸年寄連署奉書。大御所・秀忠に関する用件のみの奉書である。では、このような年寄連署奉書への加判という視角と当時の幕政を踏まえて、重俊はどのような活動をしたのか、検証してみたい。

大御所秀忠の政治と当時の幕政

元和九年（一六二三）七月二十七日、将軍・秀忠は息子の家光に将軍職を譲った。時に新将軍の家光は二十歳。家光が将軍に就任し、年寄＝老中は酒井忠利《ただとし》（武蔵国川越二万七千石）・青山忠俊（武蔵国岩槻《いわつき》五万五千石）・酒井忠世（上野国厩橋《うまやばし》八万五千石）・酒井忠勝（酒井忠利の息子）の四名。彼らが幕政を担うこととなった。このうち酒井忠利・青山忠俊は家光の将軍就任以前の元和二年より秀忠によって家光に付けられていた。

一方、大御所となった秀忠には、もともと酒井忠世が年寄として活躍していたが、将軍・家光付《つき》年寄に転出し、土井利勝（下総国佐倉六万五千石）・井上正就（遠江国横須賀《よこすか》五万二千五百石）・永井尚政《なおまさ》（上総国潤井戸《うるいど》一万五千石）が秀忠付年寄となっていた。井上・永井は家康によって秀忠に附属させられた本多正純の失脚に伴って就任した人物である。

では、重俊に視点を移してみよう。寛永五年（一六二八）八月十日、目付・豊《と》島信満《しまのぶみつ》によって西丸年寄・井上正就が西丸で殺害された。理由は正就の息子・正《まさ》利《とし》と大坂町奉行・島田直時《しまだなおとき》の娘との婚姻の仲介を豊島信満が行なっていたが、それを反故《ほご》にされたことによって凶行に及んだといわれている。

井上正就没後、西丸年寄に重俊と青山幸成が就任する。井上正就の場合、西丸年寄として朝廷交渉や城普請の指示など、幕政の重要な老中奉書に加判したものの、重俊と青山幸成の場合、大御所・秀忠の私的な要件（最もそのような要件ですら当時は政治的であることはいうまでもないが）にのみ加判していた。秀忠自身によって徐々に大御所政治から家光への政権移譲という評価がなされているが、少なくとも重俊は西丸年寄であったとしても幕政の重要な局面に関与したとはいえないものと思われる。

実際、重俊がどのような年寄連署奉書に加判したのであろうか。当該期の年寄連署奉書は七九通知られているが、そのうち重俊が加判したものは五通。①寛永五年九月十三日付薩摩藩主島津家久宛《あて》茶会の招待、②同年十一月十一日付薩摩藩主島津家久宛鷹と鶴の下賜《かし》、③寛永八年正月十九日付熊本藩主細川忠利《ほそかわただとし》宛西丸茶会の招待、④同年三月十日付金地院崇伝《こんちいんすうでん》宛旗本山岡景以《やまおかかげもち》の赦免、⑤同年六月一日付金地院崇伝宛大御所秀忠の本丸御成《おなり》である。いずれも西丸年寄連署奉書であり、そのほかの幕政上、重要な案件などには加判していない。

では、ここで重俊が関わった年寄連署奉書の例として、永青文庫に所蔵されて

徳川家光画像（写し）
（東京大学史料編纂所蔵）

いる③の寛永八年正月十九日に開催された西丸茶会に小倉藩主・細川忠利を招待した時のものを現代語訳して見てみよう。

明後日二十一日の朝、（大御所様は）「西丸において御茶を与えよう」との旨を仰せ出されました。そのように御心得になって御登城してください。恐々謹言（書止文言）。

なお、松平薩摩守殿（島津家久）・松平宮内少輔《くないしょうゆう》殿（池田忠雄）・森美作守《みまさかのかみ》殿（森忠政）・松平長門守《ながとのかみ》殿（毛利秀就）・松平越前守殿（伊達忠宗）にも仰せられました。以上。

この西丸年寄連署奉書に記された名前を見る限り、錚々《そうそう》たる顔ぶれの大大名たちである。まず、細川忠利は戦国武将・細川忠興《ただおき》の息子で、母は明智光秀の娘・玉子こと細川ガラシャであり、将軍家から信頼の厚い人物であった。島津家久は薩摩藩主、池田忠雄は岡山藩主。森忠政は津山藩主で織田信長の小姓を務めて以降、各地を転戦している。毛利秀就は毛利輝元の嫡男で長州藩主、伊達忠宗は伊達政宗の嫡男で仙台藩主であった。

この集まりを単なるティータイムと位置づけるか、大御所と有力大名との政治的な密会と捉えるかの判断はできない。しかし、研究蓄積に従えば、当該期は将軍・家光による政権運営が進んでおり、秀忠による茶会を大大名との文化交流としてのみ考えた方がよく、この集まりの招待状を出した重俊ら西丸年寄の幕政関与は乏しいと言わざるを得ない。

一般的に当該期は大御所・秀忠と将軍・家光の二元政治と称されるが、最新の近世政治史研究としては、既述の年寄連署奉書の分析を踏まえて、次のように評価されている。①元和九年七月の家光将軍就任後、家光付年寄となった酒井忠世（もともと秀忠付年寄として活躍）と秀忠付年寄土井利勝が奉書を発給していくとともに、家光・秀忠の年寄がそれぞれ連署する奉書が出される、②元和九年末に将軍・家光付年寄の酒井忠利・青山忠俊（両者とも秀忠によって付された年寄）が年寄を辞職し、新たに秀忠と家光の年寄が政治的に重要な本丸・西丸連署奉書に加わることになる。③寛永二年、本丸西丸連署奉書に将軍・家光付年寄《としより》の酒井忠勝が加判することとなり、本丸年寄（すなわち家光付年寄）の位置づけが上がる。④寛永五年八月に井上正就が殺害されて、青山幸成と重俊が西丸年寄に就任するものの、井上の場合、幕政上の重要な案件に加判していたにも関わらず、青山と重俊は加判を行なっておらず、徐々に本丸年寄（すなわち家光付年寄）主導の幕政運営になっていった。

したがって、本章の主人公である森川重俊は幕政に関与したというよりも、秀忠の古くからの側近としての役割が大きかったものと考えられよう。このような立場のためか、重俊が生実の地に足を踏み入れた形跡はうかがえない。彼が生実の地を訪れるのはその死を待たなければならなかった。

④

森川重俊、将軍秀忠に殉ずる

寛永九年正月、二代将軍・秀忠が死去する。
秀忠の寵愛を受けていた森川重俊はその日に備えた準備をしていた。
彼が選んだ道は秀忠の死出の旅路に従うことであった。

寛永九年正月二十四日、秀忠死去

大御所・秀忠にとって、将軍・家光が成長し、本丸年寄が補佐しながら幕政を運営していく状況に安堵していたものと思われる。幕政に関与せず、茶会などを催しながら、以前は敵として戦った大名たちと昔話をすることを楽しみにしていたかもしれない。しかし、晩年の秀忠にとってひとつの懸案《けんあん》があった。三男・忠《ただ》長《なが》の存在である。徳川忠長については後年に創作された逸話などもあり、その具体像がつかみにくい人物であるが、事実だけを述べるとすると、元和四年（一六一八。但し元和二年と記された史料もある）に甲府二十三万八千石を与えられ、寛永元年（一六二四）には駿府《すんぷ》五十五万石（領地は駿河・甲斐国と遠江国の一部）に加増されて、大大名となっていたが、父・秀忠、兄・家光、そして江戸幕府との関係

徳川家康の居城だった駿府城
（静岡県静岡市葵区）

は必ずしも良好であったわけではなかった。

寛永八年五月、秀忠は忠長が家臣を殺害したという不行跡《ふぎょうせき》を理由に甲府への蟄居（邸宅の一室にて謹慎する刑罰）を命じる。この蟄居が本当に不行跡を理由にしたものか、判然としない。徳川将軍家の安定的な継承、すなわち無用な後継者争いを避けるために、表向きは不行跡として処罰したという可能性も考えられる。但し、将軍・家光に継嗣《けいし》が誕生していない段階で秀忠自身がそのような発想をもつかどうかも疑問である。この点については本書での中心となる議論ではないので、これ以上の言及はしない。この頃から秀忠の体調が悪化する。公家の壬生孝《みぶたか》亮《すけ》の日記によれば、七月二十四日には京都の朝廷で、摂政・一条兼遐《いちじょうかねとお》の依頼による内侍所神楽《ないしどころかぐら》が実施されている。内侍所とは、三種の神器《じんぎ》である神鏡《しんきょう》を宮中に安置した建物であり、現在の皇居にも賢所《かしこどころ》という名称で知られている。神鏡は八咫鏡《やたのかがみ》とも目されており、天皇の祖である天照大神をあらわしていると考えられており、祖先神に秀忠の病気平癒《へいゆ》を祈るための神楽であった。なお、摂政・一条兼遐は後水尾《ごみずのお》天皇の弟であり、後水尾天皇には秀忠の娘・和子《かずこ》《まさこ》（のちの東福《とうふく》門院《もんいん》）が嫁いでいることから、伯父に対する病気平癒であったことがうかがえよう。また、同月二十七日にも秀忠病気平癒の内侍所神楽が催されている。

しかし、そのような祈りもむなしく、年が明けて寛永九年、秀忠は危篤となる。蟄居中の忠長も見舞いを願い出たが許されず、正月二十四日死去。その後、忠長は領地のすべてを没収され、高崎藩に預けられ、翌寛永十年十二月六日に高崎大《だい》信《しん》寺で自害した。享年二十八歳であった。

重俊の遺言

秀忠死去直前の状況に時を戻してみよう。

秀忠の病状は日に日に悪化し、多くの人びとは来《きた》るべきXデーを考えないわけにはいかなくなっていた。そして、寛永九年（一六三二）正月二十四日、大御所・秀忠は亡くなった。本章の主人公である森川重俊は「この日」を早くから想定して準備していたものと思われる。そして、丁寧な（本人は忙しい時に書いていると述べているが）手紙を秀忠の亡くなった「この日」に認《したた》めた。宛名は小堀政《こぼりまさ》一《かず》と竹中重義《たけなかしげよし》。小堀政一とは、茶人・作庭・建築などで著名な小堀遠州《えんしゅう》のこと。竹中重義とは豊後《ぶんご》国府内《ふない》藩主で、初めて「踏絵」を導入した人物である。

それでは小堀と竹中宛の手紙を現代語訳で意訳して読んでみよう。

大御所様がお亡くなりになり、人々の歎きはこれ以上のものはございません。さて、私のことですが、御存知のように大御所より勘当を受けて、その後赦されて再度仕えることになり、御恩に報いることをしなくてはいけない

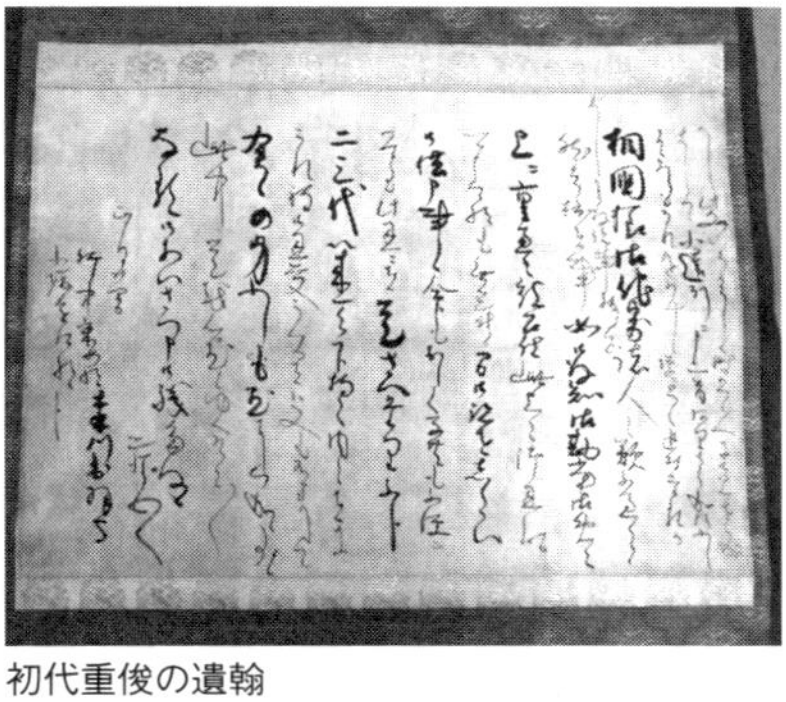

初代重俊の遺翰
（千葉県文書館蔵）

のに、それもしていないので、大御所の後を追って御供《おとも》したいと思います。命も惜しいし子どもも不憫《ふびん》ですけれども、大御所の御恩にはこのようなことですら足りません。大御所の家臣の者の中であってもこれほどの御恩を受けた者は決していないでしょう。この身の不肖なることです。このことが心に引っ掛かっているのでそこそこの御挨拶を申します。残っていることが多いと存じます。

追伸、この手紙は忙しい時に書きました。他人には御見せにならないでください。小堀遠州に申しておきます。末期《まつご》の一首があるような折節ですが、それを考えているよりも早く大御所に追いつくのがましだと存じまして、いろいろなことを残したままです。

大御所・秀忠死去の翌朝、江戸藩邸にて重俊は自害した。四十九歳であった。重俊の遺言状は多くの人々に感銘を与えたのか、さまざまなところで写されて、現存している。現在ではくずし字を学ぶ学生のテキスト（『演習古文書選（近世編）』）に、武家社会の書状の一例として重俊の遺言が古文書の学習に用いられている。

森川重俊は主君である将軍・徳川秀忠に殉じて自害したが、このような殉死は日本古来からみられ、『日本書紀』には（近年実在については評価する論文も一部にあるが事績そのものは史実と評価し難い天皇であることを考慮した上で）垂仁《すいにん》天皇の弟・倭彦命《やまとひこのみこと》が亡くなった際、自発的・強制的に殉死が行なわれたことに対し、天皇が殉死の禁止を命じている。その後、垂仁天皇の皇后《こうごう》が亡くなった際には殉死する人々の代わりとして土製の人形が作られたという逸話が知られている。これが埴輪《はにわ》のはじまりである。

尾藤正英氏によれば、戦乱が一段落した十七世紀前半以降、主君の死に際して「死出《しで》の御供」として「追腹《おいばら》」、すなわち後追い自殺することが美徳として流行したようである（『国史大辞典』「殉死」項）。著名なところでは寛永十三年（一六三六）に仙台藩主の伊達政宗が死去した際には一五人の家臣が殉死し、殉死者のために殉死した者もいた。同十八年には熊本藩主の細川忠利の死に際し、一九人が殉死した。細川忠利の死に際して殉死が認められなかった阿部弥一右衛門《あべやいちえもん》とその一族の悲劇を描いた森鷗外『阿部一族』が知られているが、ストーリーは史実に則っていないものの、主君の死とそれを取り巻く殉死という当時の武士の意識が垣間見られる。

なお、息子の三代将軍・家光の場合、老中を務めた阿部重次《しげつぐ》・堀田正盛《まさもり》らが殉死した。当時は各藩でも殉死が横行していたため、その後、四代将軍・家綱は殉死を禁止することとなった。

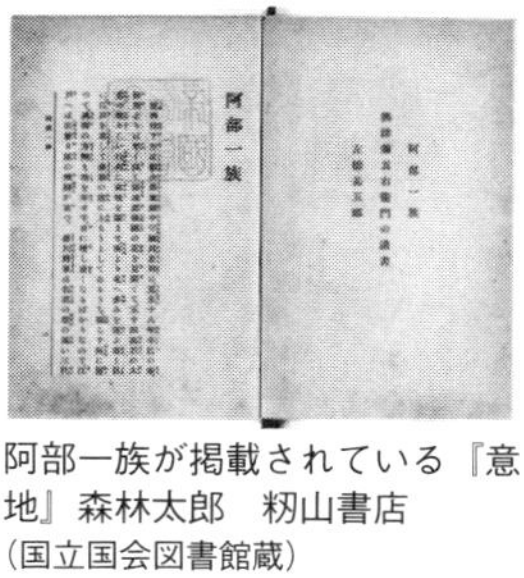

阿部一族が掲載されている『意地』森林太郎　籾山書店
（国立国会図書館蔵）

重俊、息子・家中の行く末を思う

もうひとつ「重俊公御遺書」と記された封紙《ふうし》の中に「覚書《おぼえがき》」という表題が記された横帳《よこちょう》の史料が遺されている（千葉県文書館蔵）。すでに『千葉市史史料編3』にも収録されている史料であるが、これも見てみよう。「覚書」は「ひとつ書き」形式（箇条書きの形式で、それぞれの箇条の冒頭に「一」と記す）で一七箇条におよぶ重俊の遺言であり、一七箇条のあとには「一」とのみ記して、箇条の中身が記されていないので、未完成の遺書であることをうかがわせる。ここでは「覚書」の一部を現代語訳してみたい。

一、私が自害した後は桶に入れて、蓋《ふた》を鉄釘で打ちつけ、庄左衛門・源大夫・清左衛門・七郎右衛門（以上、森川家家臣）らを付き添えて増上寺脇の火葬場へ遣わし、坊主に頼んで灰にしなさい。決して坊主による読経などはいらず火葬場を借りるだけです。

（一箇条省略）

一、どこの寺へも頼まないように。秀忠様の御座所《ござしょ》が私の居所《いどころ》という心持ちでいなさい。

（一箇条省略）

一、仏事・供養などと申すことはさらに必要ありません。秀忠様の御供をするのだから食べ物も飲み物もたくさんあるに違いありません。この世でさえも食べ物に欠いたことはありませんでした。

一、半弥重政《はんやしげまさ》（重俊の長男）は出家しなさい。七兵衛重名《しちべえしげな》（重俊の二男）は出家してはいけません。私が秀忠様の御供をするために御改易となったならば、しばらく様子を見て出家しなさい。

一、私の家臣の者たちは出家させてはなりません。しかし庄左衛門・加右衛門・次右衛門のような者たちは出家しても構わない。源大夫・七郎右衛門・清左衛門も出家してもよいかもしれない。このほかの武士は出家してしまうと奉公の後《おく》れになるので絶対に出家させてはいけません。

（四箇条省略）

一、改易ならばどこへ行くにしても小姓二人、侍三・四人より多くはいらない。紙子《かみこ》の服を着て、いかにもみすぼらしい姿が肝要です。

一、万一将軍に再び召し出された時は人とのつき合いは無用のことです。親類中ばかりのつき合いでよいです。それも大方のところとのつき合いはいらないことです。

一、兄弟仲良く腹を割って話しなさい。槍一本さえあれば何もいりません。何かあったら将軍様へ御奉公しなさい。日陰者であっても将軍様のために御奉公できれば苦しいことはないだろう。

（以下省略）

この「覚書」は重俊自身の死後の取り扱い方、息子たちの行く末、家臣たちの行く末に加え、借財のことなどが細やかに記されている。特に火葬後の遺骸についてまったく触れられておらず、法要などを拒否している点は興味深い。

重俊が気にかけた生実藩は改易されることなく、また、ほかの息子たちも旗本として幕府に仕えることとなった。重俊の亡骸は生実の地に移され、現在では重俊院に葬られている。

森川重俊の墓

5

歴代の生実藩主

初代藩主・森川重俊以降も幕府運営の中枢として江戸時代を生き抜いた。
若年寄・大番頭といった江戸幕府の要職を歴任した森川家。
彼らが務めた幕府役職を概観する。

四代藩主・俊胤、将軍吉宗の若年寄就任

初代重俊から版籍奉還の時に当主だった俊方《としかた》まで、生実藩森川家の当主は十二代に及んでいる。ここでは森川家当主の事績と幕政・幕府役職と絡めながら述べてみたい。

森川重俊没後、息子の重政が相続をした。重政の妻は京都所司代《きょうとしょしだい》を長年務めた板倉重宗《いたくらしげむね》の娘である。のちに述べる森川家代々の菩提寺・重俊院を建立した人物であるが、重俊と異なり、幕政に関与することはなかった（最も既述の通り重俊は西丸老中に就任しているが、幕政に関与したとはいい難い）。しかし、弟・重名は家光に近侍し、のちに小姓組番頭・側衆を歴任して六千石の大身旗本となった。その下の弟・重頼も三〇〇俵取、その養子・重良《しげよし》は六百石の旗本となっている。事

績こそ知られていないが、一族の繁栄の端緒となったのは重政の功績といえよう。

二代藩主・重政のあとを二男・重信《しげのぶ》が相続し（長男・重般《しげかず》は病弱のため廃嫡《はいちゃく》となったが、八十一歳まで生きた）、その次を俊胤《としたね》が相続した。この人物について『寛政重修諸家譜』『徳川実紀』をもとに触れてみよう。

生実藩四代藩主・森川俊胤は、父・重信と母・寺社奉行を務めた井上正利《まさとし》（常陸国笠間《かさま》五万石）の娘の間に寛文十年（一六七〇）に誕生した。十歳で将軍・家綱に御目見をし、二十三歳の時に父が隠居して家督を相続した。家督を相続した直後の元禄五年（一六九二）十月二十九日、松平忠雄《ただお》（肥前《ひぜん》国島原《しまばら》六万五千石の後継者）・本多康命《やすのぶ》（近江国膳所《ぜぜ》七万石の後継者）・牧野英成《ひでしげ》（丹後国田辺三万五千石の後継者）とともに「奥詰《おくづめ》」に就任した。小宮山敏和氏によると「奥詰」とは、元禄二年三月朔日《ついたち》に設置された役職で、江戸城山水の間に伺候し、召し出された時は将軍の御前《ごぜん》に参上する役職のことである（『江戸幕府大事典』「奥詰」項）。宝永六年（一七〇九）に廃されたというから、要するに五代将軍・綱吉に近しい大名集団と評価できる。実際、『徳川実紀』によれば、「奥詰」の人物として、松平定重《さだしげ》（伊勢国桑名十一万三千石）のほか四六名もの名前が列挙されており、俊胤もそのひとりであった。

その後、小姓、大番頭、奏者番《そうじゃばん》兼寺社奉行といった幕府要職を務め、正徳四年（一七一四）、七代将軍・家継《いえつぐ》の代の時、老中に次ぐ重職である若年寄（史料では

「少老」）に就任した。「米将軍」として有名な八代将軍・吉宗の代に至っても若年寄を務めている。吉宗は就任早々から幕府財政の立て直しを進めるが、享保二年（一七一七）、俊胤も老中・井上正岑《まさみね》（常陸国笠間六万石）とともにその役割を命じられている。井上正岑は俊胤の母の甥であり、井上正利の孫である。当時、一万石を加増されて六万石の大名となっていた。

このように幕政に深く関与していった俊胤だが、吉宗によって幕府財政の立て直しを求められてからわずか九カ月後、若年寄の職を解任されてしまう。その理由を『徳川実紀』には次のように記されている。現代語訳を見てみよう。

森川俊胤は井上正岑とともに御用を勤めていたが、性質が薄っぺらでケチだったので、人々の中には恨む者も少なくなかった。常に将軍の鷹狩に従って、江戸から鷹場へ移動する時も権威がましい態度で、農民の歎きも大きかった。その頃、幕府右筆《ゆうひつ》に飯高勝政《いいたかかつまさ》という実直な者がいたが、俊胤はこのような者を憎んで、悪口を言い、辞職させようともしていた。しかし、江戸城西丸修築や神田橋修築を務めた時、ケチな振る舞いが噂されたので、遂には若年寄の職を解かれてしまった。

『徳川実紀』は編纂物であり、十分な史料批判が必要であるが、この記事は吉宗お抱えの儒者・室鳩巣《むろきゅうそう》が加賀藩の儒者・青地兼山《あおちけんざん》と青地麗澤《れいたく》の兄弟に宛てた書状集『兼山麗澤秘策』を出典としており、かなり実話に則したものと推測され

徳川吉宗画像（写し）
（東京大学史料編纂所蔵）

る。

なお、若年寄を辞めた俊胤は享保八年になって初めて生実の地に入っている。幕府重臣を歴任していたこともあろうが、初めての入国を領民たちはどのような気持ちで迎えたことであろうか。

大番頭・大坂定番・奏者番を務める

森川家十二代のうち、六名（俊胤・俊常・俊令《としのり》・俊孝・俊知・俊民）が大番頭に任じられ、俊令は大坂における重要なポストである大坂定番《じょうばん》を務めている。さらに、幕政の中心である老中・若年寄に昇進する際の前提ともいうべき奏者番にも五名（俊胤・俊令・俊孝・俊知・俊民）が任じられている。ここでは先行研究に依拠しながら大番頭《おおばんがしら》と大坂定番、奏者番の役割を説明しつつ、就任した森川家当主について触れてみよう。

大番頭については小池進氏の幕府番方《ばんかた》（幕府軍の担い手）に関する研究に詳しい（『江戸幕府直轄軍団の形成』）。大番頭はもともと徳川家康の親衛隊ともいうべき大番を統括する役職で、譜代大名や上級旗本が任じられた。江戸幕府成立以前から六組が成立していたといわれ、その後一二組に増加している。通常は各組に番頭一名、組頭四名、番士五〇名で編制され、平時の場合、江戸城西丸・二丸《にのまる》、または大坂城・二条城の警護を職務とした。大番頭は幕府の番方役職の中で最も格式が高い存在だ。なお、組頭・番士ともに幕府の旗本であり、生実藩士とは関係がない。残念ながら千葉県文書館蔵森川家文書の中には大番頭在職中の史料は確認できない。しかし、同館蔵の「森川氏系譜」には俊孝が大番頭に任じられた記事の中に、「将軍の御前に召されて大番頭を命じられ、以後、一隊の軍団を指揮して江戸・京都・大坂の警護をし、勤めること一七年に及んだ」と誇らしげに記しており、彼らの矜持がうかがえる。

大坂定番は一〜二万石の譜代大名が任命され、大坂城京橋《きょうばし》口・玉造《たまつくり》口の警護が主な役割だが、大坂の幕府役人を統括した大坂城代《じょうだい》が不在の時はその代理を務めるという、西国支配の要の役職であったと上田長生氏は述べている（『江戸幕府大事典』「大坂定番」項）。実際に、大坂定番の後に江戸へ戻り奏者番や若年寄に昇進する事例も多く見られ、森川俊令も玉造口の警護を延享二年（一七四五）に命じられ、寛延二年（一七四九）には奏者番に転じている。平均在職期間は九年であったというから、随分早く転じたものといえよう。なお、「森川氏系譜」によれば、俊令以降、役料として三〇〇〇俵が支給されることとなったようだ。

奏者番については大友一雄氏の研究に詳しい（『江戸幕府と情報管理』）。奏者番は二〇〜三〇名で、江戸城内での儀礼を掌《つかさど》る役割であり、主に譜代大名が務めた。儀礼といっても、当時は儀礼をいかに滞りなく間違いなく執行するかが最も重要

大坂城

な「政事《まつりごと》」であり、儀礼でのミスは処罰の対象にすらなり得た。そのため江戸城内の儀礼全般を習得する必要があり、それだからこそそのちに老中・若年寄といった幕政担当者へ就任することができたのである。実際、先述の俊胤をはじめとして俊知・俊民は奏者番ののちに若年寄に昇進している（俊知は西丸若年寄。いずれも後述）。例えば「森川氏系譜」の俊令の記事には奏者番の役割として「諸侯・旗本の謁見を行い金品の献上のことを掌る」と記されている。

森川家当主の生実入りと江戸屋敷

このように江戸幕府の幕臣として様々な役職を歴任した森川家当主であったが、既述の通り、四代藩主・俊胤は若年寄を辞任したのちの享保八年（一七二三）にはじめて生実の地を訪れていた。では、生実藩主である森川家当主はどの程度生実の地を訪れたのであろうか。

確認できる限りでは、初代藩主・森川重俊以来、二代・重政、三代・重信が生実を訪れた記録は見当たらない。参勤交代を行っていたという史料もなく、享保八年の四代・俊胤の参勤交代が史料上初めてであり、それ以前の詳細は判然としない。なお、相続間もない六代・俊令の「森川氏系譜」享保二十年六月六日の記事には、「先例の通り半年で参勤交代をすることになり、八月十五日に生実に帰った。以後は毎年同じである」と記されている。山本博文氏によれば、半年で参勤交代する譜代大名の場合として八月参府（江戸参勤）・二月就封（国許へ戻る）、あるいは十二月参府・八月就封の事例が挙げられている（『参勤交代』）。したがって、森川家の場合、後者であることがうかがえよう。

当然大坂などの遠方にいる際は生実入りすることはできず、勤務が忙しい場合も生実に帰ることは許可されなかった。「森川氏系譜」の宝暦五年（一七五五）八月の六代・俊令の記事には、「毎秋（ここでは八月）に暇を賜るところだが、奏者番に欠員が多いので、今年は暇を賜ることができない。以後、毎春（ここでは二月）に半年の暇を賜るようにと老中から伝えられた」と記されている。ただし、俊令の息子で、七代・俊孝が相続してからは八月に戻されており、激務による臨時的な処置であった。いずれにしても、生実と江戸の間を半年ごとに行ったり来たりの生活はなかなか大変であったものと推測される。

では、その森川家当主の江戸における屋敷を概観してみよう。検討にあたって利用するのは国立国会図書館蔵の「御府内沿革図書」「御府内其外往還沿革図書」「屋敷渡預絵図証文」と称される幕府の史料だが、実際のところ、生実藩の江戸における屋敷を通時的に明らかにするのは困難といわざるを得ない。そもそも各藩の江戸藩邸は大きく分けて四つに分類でき、①藩主と江戸における藩政の中心となる上屋敷、②藩主が隠居したり、藩主一族が居住する中屋敷、③江戸に詰める藩士が居住する下屋敷、④その他町人地などに必要に応じて確保する抱《かかえ》屋敷が存在した。森川家のように幕府の重臣として江戸城に頻繁に出仕する場合、その役職に任じられると江戸城近くに上屋敷が与えられ、退職するとその上屋敷は別の幕臣に与えられた。

例えば、近世後期に当主となった九代藩主・俊民が拝領した上屋敷を見てみよう。俊民は嘉永五年（一八五二）七月八日に奏者番から転じて若年寄に任じられている。嘉永五年といえば黒船が来航する前年だ。若年寄に任じられた俊民は就任直後の七月二十三日に龍の口（現・東京都千代田区大手町一丁目）に屋敷を与えられた。まさに江戸城へ出仕するには最高に近いところに屋敷を得たのである。その後、安政二年（一八五五）九月十九日に病気のため若年寄を辞職した。十一月五日に俊民は五十二歳で亡くなるが、同月十三日に龍の口の屋敷を召し上げられて、代わりに小川町（現・東京都千代田区）の堀田正睦《まさよし》「上ヶ屋敷」（幕府によって召し上げられた屋敷）の二六二二坪余が与えられた。幕末政治史で活躍した堀田正睦は十月九日に老中に就任したばかりである（再任）。このように幕府重臣として任じられる際には屋敷の変更が多く、それはすなわち引っ越しの多さを招いた。この生実藩小川町屋敷は明治維新後も残り、明治元年（一八六八）十月に隣《りん》家《か》も含めて新政府より再び拝領されている。

なお、生実藩において最も長く利用されたのが四谷南町下屋敷であろう。この土地を与えられた時期は不明だがすでに延宝年間（一六七三〜一六八一）には同地を下屋敷として拝領されており、嘉永二年段階では七四八四坪余であることが確認できる。そして、明治四年に新政府に召し上げられるまで活用されていた。現在のJR信濃町駅北側に広がる慶應義塾大学病院の最北端周辺に該当するが、当然ながら現在はその面影を残してはいない。明治維新以降に記された屋敷地の変遷を記した書付によれば、生実藩の屋敷は下記の表の通りである。

近世生実藩屋敷一覧

屋敷	場　所（明治期住所）	坪数	年　代
上屋敷	牛込	—	寛永頃〜寛文頃
	麻布区北日ヶ窪	6000	寛文頃〜文政頃
	麹町区宝田町警視局	3000	文政頃〜天保９年８月
	日本橋区蠣殻町2丁目	4000余	天保９年９月〜嘉永５年７月
	麹町区大手町1丁目東京鎮隊兵屯所	5000余	嘉永５年７月〜安政２年10月
	神田区猿楽町	3826	安政２年10月〜明治元年10月
下屋敷	深川区東町	2400余	不詳〜慶応３年２月
	豊島郡千駄ヶ谷西信濃町	7484余	不詳〜明治４年２月

（千葉県立図書館蔵森川文書）

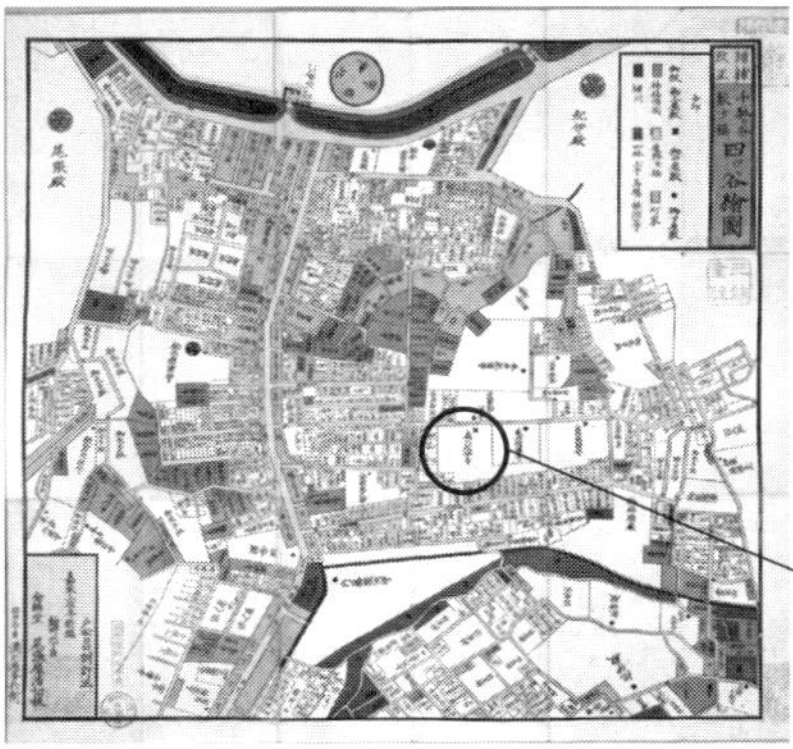
「四谷絵図」（国立国会図書館蔵）

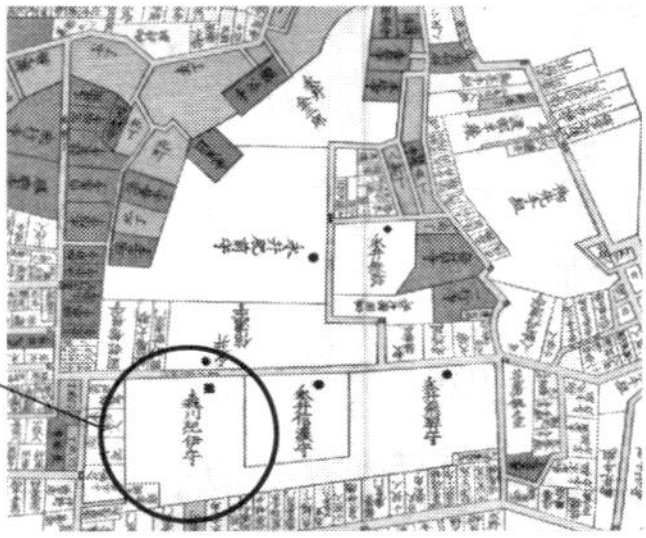
四谷南町下屋敷

⑥

森川家の奥方と姫君たち

江戸時代の森川家を取り巻く女性たち。
森川家の母・妻・娘として、どのように生きていったのか。
唯一のこる出産関係の古文書を繙（ひもと）いてみる。

森川家に嫁いだ奥方たち

森川家に嫁いだ女性とはどのような人物だったのであろうか。初代・重俊の妻は徳川家康の重臣で、小田原藩主の大久保忠隣の養女であった。この女性は同じく家康の家臣であった設楽貞清の娘であり、忠隣の妹が貞清に嫁いでいる。すでに述べたように、岳父である忠隣が慶長十九年（一六一四）に失脚したために、縁者である重俊は一度改易されてしまった。確認できる限りでは、男女三人ずつの「母」であると『寛政重修諸家譜』には記されており（実際に出産したかどうかは不明）、寛文六年（一六六六）に死去した。つまり、夫である重俊が殉死した後、三十年以上生き、また息子の重政の死にも直面したようである。

二代・重政の妻は京都所司代を務めた板倉重宗《いたくらしげむね》の娘である。板倉重宗は三十年

小田原城天守閣（小田原城天守閣提供）

もの長きにわたって京都所司代を務め、江戸時代初頭の朝幕関係をスムーズなものにした人物と評価し得る。重政の長男・重般は寛永十四年（一六三七）に誕生しており、五十歳を過ぎた重宗は外孫を目の前にして喜んだものと想像される。三人の男子と一人の女子の母であり、正保二年（一六四五）に死去した。

三代・重信の妻は寺社奉行を務めた井上正利《まさとし》の娘である。井上正利といえば、西丸老中を務めた井上正就の息子である。既述の通り、正就が暗殺された後に森川重俊が後任の西丸老中に就いた。彼女は男子三人、女子二人の母であり、元禄三年（一六九〇）に死去した。

四代・俊胤の妻は石見《いわみ》国津和野藩主（現・島根県鹿足郡津和野町）の亀井茲政《これまさ》の娘である。初代重俊以来、譜代大名で幕府重臣の家から妻を迎えていた森川家であるため、外様大名の亀井家の女性が嫁いで来るのは異例のように見えるかもしれないが、亀井茲政の母は家康の「御落胤《ごらくいん》」という俗説もある松平（松井）康景《やすかげ》の娘である。この女性は男女一人ずつの母であるが、男子は早世してしまい、享保十五年（一七三〇）に死去した。

五代・俊常は、「森川氏系譜」によれば、亀井茲政の娘を母としているが、『寛政重修諸家譜』には「母は某氏」と記されている。また、俊常は正妻を迎えた形跡が見られない。俊常には女子三人がおり、一人が六代・俊令に嫁ぎ、末娘が俊令の養女となった。

六代・俊令に嫁いだのが俊常の「嫡女《ちゃくじょ》」と称された「いち（以智）」という名の女性である。俊常の死の直前に一族の森川重良の息子・源之丞《げんのじょう》（のちの俊令）をいちの婿養子にすることを幕府に願ったとされている。いちは男子二人と女子一人の母であり、宝暦四年（一七五四）に死去した。

七代・俊孝の妻は小浜藩主（現・福井県小浜市）で京都所司代を務めた酒井忠用《さかいただもち》の娘である。名を「陽」といった。確認できる限りでは俊孝と陽との間に子どもはなく、明和三年（一七六六）に死去した。年齢は不明だが、十歳台ないし二十歳台前半の若さで亡くなったものと思われる。

八代・俊知は七代・俊孝の弟である俊輝の息子（つまり俊孝からしたら甥）であり、俊孝の嫡男が若くして亡くなってしまったために養子に入った。妻は寛政の改革で松平定信とともに幕政に関与した若年寄の青山幸完の娘である。名前を「勝」といったが、寛政二年（一七九〇）に死去してしまい、文化元年（一八〇四）に近江国大溝《おおみぞ》藩主（現・滋賀県高島市勝野）の分部光実《わけべみつざね》の娘である「おやえ（於八重）」を迎えている。

九代・俊民は婿養子として俊知の娘である「とし（登志）」と結婚した。としについては後で出産の話の時に登場してもらおう。なお、十代・俊位《としつら》と十一代・俊徳の妻は確認できない。

幕末から明治維新期の当主である俊方の妻は丹後国田辺藩主（現・京都府舞鶴

市）である牧野節成《ときしげ》の五女・鈓子《かねこ》である。嘉永四年（一八五一）に生まれた鈓子は維新の動乱期と夫である俊方の死、そして日本の軍国化という激動の歴史を目の当たりにしながら昭和八年（一九三三）に亡くなった。

なお、明治維新後の当主であり、子爵となった恒《ひさし》の妻には栃木県の実業家である横尾勝右衛門の二女・カツを迎えている。

以上、森川家に嫁いだ人物は、主に譜代大名の中でも幕臣として活躍した人物の娘であることがうかがえよう

森川家の姫君たち

次に森川家の姫君たちを見てみよう。

初代・重俊には三人の姫が誕生し、一人は越後国新発田《しばた》藩主（現・新潟県新発田市）の溝口宣直《みぞぐちのぶなお》の後妻となるものの、四代目新発田藩主となる重雄《しげかつ》らを生んだ後に亡くなっている。もう一人は坂部広利の室、もう一人は服部政勝の室となっている。坂部広利は鉄砲頭や百人組頭《ひゃくにんぐみがしら》などを歴任した石高五千石余の大身の幕府旗本、服部政勝は番方の旗本で、『寛政重修諸家譜』によれば、のちに安部信盛《あべのぶもり》の娘を娶っていることから、死別ないし離縁したものと思われる。なお、服部政勝は「狂気」のために改易となっている。

二代・重政には一人の姫がおり、牛久《うしく》藩主（現在の茨城県牛久市）の山口家の分家で、五千石の大身の旗本である山口重直に嫁いだ。もともと譜代大名の青山幸成の娘が嫁いでいたが、のちに重政の娘を娶ったようだ。山口家は重直の息子・重良が十五歳で早世し、御家断絶となってしまった。

三代・重信には二人の姫がおり、一人は重信の甥・俊勝に嫁いだ。すなわちいとこ婚である。俊勝は森川重名（重俊の二男）の養子となり、別家として新たに家を創設し、石高千石の旗本となった。様々な番士を務めた後に西丸新番頭や八代将軍・吉宗の息子である田安宗武《たやすむねたけ》の傅役《もりやく》などを歴任した。

四代・俊胤には一人の姫がいるものの、詳細は不明である。

五代・俊常は男子が生まれず、女子三人が生まれたが、一人は六代・俊令の妻となった。俊令は、重俊の三男・重頼の孫である。もう一人の姫は既述の森川重名の末裔である俊因の妻となった。なお、俊因の父・俊央は重信の息子であることから、俊常は自分のいとこに娘を嫁がせたことになる。

六代・俊令は俊常の娘を養女としており、旗本・内藤正芳《ないとうまさよし》の後妻となっている。俊令自身には二人の姫がおり、大身の旗本である小笠原長喜と甲斐庄正昉《かいのしょうまさあきら》に嫁いだ。

なお、これ以降の姫の出生については判然としない。いずれにしても、森川家の姫は大名家に嫁ぐよりも大身の旗本の家に嫁ぐ事例が多く見られると推測され

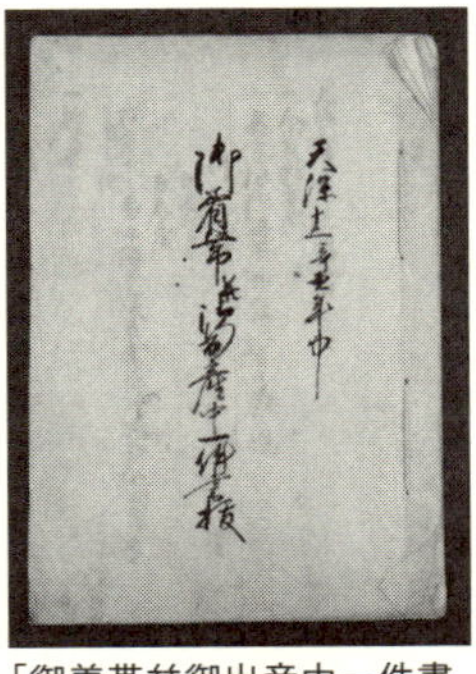

「御着帯幷御出産中一件書抜」（千葉県文書館）

る。残念ながら、森川家の姫君に関してはこのように一部の婚姻相手のみわかる程度であり、具体的な生活の様相などはまったくわからない。

天保十二年、森川としの出産

森川家文書の中には森川家の奥方の出産に関する史料として天保十二年（一八四二）の「御着帯《ちゃくたい》幷《ならびに》御出産中一件書抜」が遺されているので、この一冊を繙いてみよう。この史料の主人公は森川とし（登志）。第八代藩主である俊知の娘で、婿養子として森川家の当主になった俊民の妻である。既述の通り俊民の実父は肥前島原藩主・松平忠馮《ただより》だ。としの実父である森川俊知は安永八年（一七七九）生まれ、夫の俊民が文化元年（一八〇四）生まれであるから、とし自身は二十歳代後半から三十歳代であろうか。なお、としは江戸の上屋敷にいたものと思われる。

さて、「御着帯幷御出産中一件書抜」によれば、天保十二年八月五日に「御着帯御祝儀」が行われた。「着帯」とは妊娠五カ月目に岩田帯と称される白帯を腹に巻くことである。この日、家老・氏家平馬の妻より岩田帯が献上された（白木の台の上に長熨斗《ながのし》を載せて献上されたものと思われる）。

十二月九日巳刻《みのこく》（午前十時前後）、無事に男子を出産。本当は卯刻《う》（午前六時前後）に出産したようだが、「御届之御都合」という理由で、遅い時間の出生となった。直後に家臣からお祝いがありつつも、当主である俊民は「産穢《さんえ》」の届けを出す必要が生じた。江戸時代の出産は、出産による「ケガレ」の意識があり、夫婦ともに「ケガレ」から解放される時間を必要とされた。そのため俊民は、幕府や関係する幕府の大目付・目付へ届けを出さなければならなかった。もちろん、親類への連絡もなされた。

十二月十五日、生まれたばかりの男子は「御出生様」と呼ばれ、この日御七夜《おしちや》を迎えることとなった。そして「御出生様」は「堀場万亀之助」と命名された。名前の呼び方は家中に「まきのすけ」であることが周知された。また「堀場」姓は既述の通り初代・重俊の父である氏俊が「堀場」であり、森川家の嫡男以外は堀場姓を称することが多かった。これは徳川将軍家の嫡男以外が「松平」「世良《せら》田《た》」などを称するのと同様であろう。この日、婿養子の俊民の実家である島原藩松平家からも祝いの品が送られた。一方で、医者である安富文行・文仲親子へ干《ほし》鯛《だい》や白銀《はくぎん》など、産婆と思われる「御腰抱婆々」へ金一〇〇疋《ひき》（金一分）が送られている。

遺されている史料を踏まえると様々な大名や家臣との儀礼的なやり取りは見られるものの、本来ならばこの史料の主人公である母・とし、息子・万亀之助（のちの十代・俊位）がどのような産後を過ごしたか、としはどのような人生を歩んだかは判然としない。これまでの歴史研究でも史料上の制約から江戸時代の女性像が描きにくいが、それは森川家でも同様であるといえる。

ところで、としは初婚ではない。俊民の前に森川家の養子になった俊一に嫁いでいる。俊一《としかず》は信濃高島藩主・諏訪忠粛《ただかた》の次男で、文政五年（一八二二）にとしと結婚した。将軍への御目見も果たしたが、同十年に二十六歳の若さで亡くなってしまう。俊民とはその翌年に結婚したのであった。

また、としにとって万亀之助の出産が初めてではない。すでに天保二年には嫡男の俊用《としもち》を出産。その後、義次郎と女子という二人を出産するがいずれも早世しており、万亀之助はとしにとって四人目の出産であった。万亀之助が「堀場」姓を称した理由は、兄・俊用がおり、嫡男ではなかったためである。

としは森川家の一人娘として、必死に森川家の存続のため、武家社会を生き抜いていったことが、少ない記録からうかがえる。「とし」という名前自体、森川家代々の通字《とおりじ》（親子や子孫の名前で共通に用いられる文字）である「俊」と同じ音であり、藩主と同等か、それ以上の立場として藩内に位置づけられていたものと想像される。

これも生実

森川家の馬印・旗指物

馬印《うまじるし》とは、合戦に際して武将が自身の居場所を示すために長い柄の先に付けた印のことである。著名なところでは現在久能《くのう》山東照宮《ざんとうしょうぐう》に所蔵されている徳川家康の金扇や豊臣秀吉の千成瓢箪《せんなりひょうたん》の馬印であろう。

一方、旗指物《はたさしもの》とは、武将が鎧の背中に刺して自身の目印としたものだが、やがては背中に刺さず、担当者に持たせることもあった。

江戸時代にいたってからは参勤交代の折にも用いられた。江戸城下大手門前辺りは観光名所として著名だったが、観光客は幕臣・大名の名鑑である『武鑑』を片手に、掲載されている馬印・旗指物の絵や家紋を参考に「○○公が登城して来たぞ！」と囁き合っていたことであろう。

もちろん、森川家にも馬印・旗指物はあった。江戸時代の多くの大名が大馬印と小馬印の二種類があったように、森川家も二種類あった。

森川家文書には馬印・旗指物・纏《まとい》を記した「雛形」という彩色された史料が遺されている。それによると、大馬印は長さが一丈八尺（約五・四五メートル）の巨大なもので、白地に森川家の家紋である「丸に鳩酸草《かたばみ》（酢漿草とも記す）」が描かれたものであった。小馬印は柄の長さが一丈三尺（約三・九三メートル）で「鳥毛笠金芥子頭《とりげがさきんけしあたま》」と記されている。金の笠に白い巾着袋が付いているような形だ。火事場での馬印は別のもので、三方に金色の「丸に鳩酸草」の形に下には纏のようなヒラヒラした「切裂《きりさき》」がついていた。旗指物は金色の「爐縁《ろぶち》」という二重の四角が描かれていた。「爐縁」とは、炉の縁の枠のことであり、これを図像化したものである。

指物（千葉県文書館蔵）

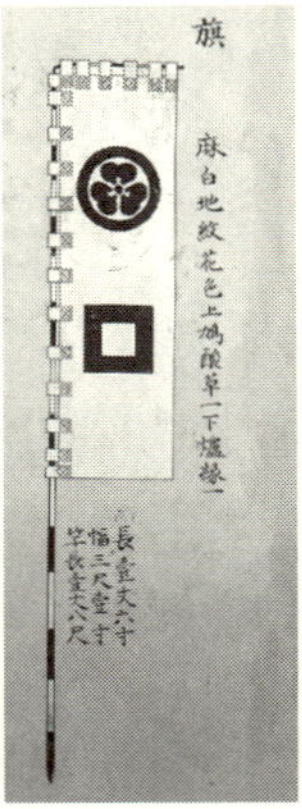
旗（千葉県文書館蔵）

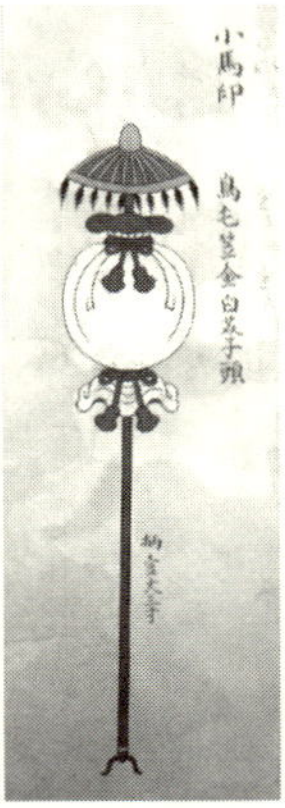
小馬印（千葉県文書館蔵）

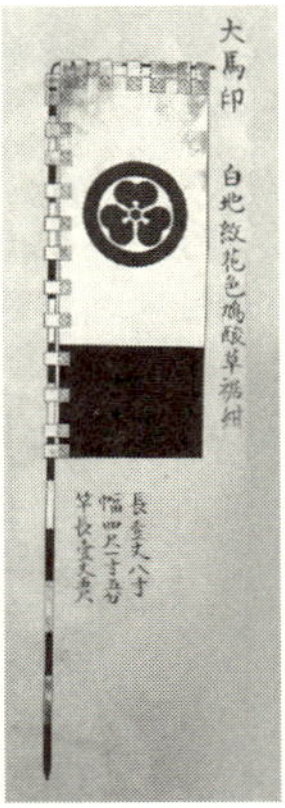
大馬印（千葉県文書館蔵）

第三章　一万石の拠点、生実陣屋と勤務する武士たち

多彩な生実藩士が生実の地で生き抜き、領民を守ろうとする。

❶ 生実藩の「城」、生実陣屋

生実藩士たちが政務を執った陣屋とはどのようなものなのか。
現在、生実藩の陣屋は遺されていないが地形は江戸時代と変わっていない。
生実藩時代から遺る生実神社は今もその地に鎮座している。

陣屋とは

大名が住んでいるところといえば、時代劇でも見られるように荘厳な天守のイメージがある。ユネスコの世界遺産にも登録された「白鷺城《しらさぎじょう》」こと姫路城など、太平洋戦争後に再建された城郭も含めて、城＝天守（現在の天守閣のこと）が思い浮かぶ。

しかし、本書の主人公である森川家、生実藩は天守をもっていない。正確にいえば、天守をもつことが許されなかった。幕府は元和元年（一六一五）にいわゆる「一国一城令」を出し、城郭の新築・修改築は制限された。新規に巨大な天守を造ることもできなかった。生実藩のように、一万石クラスの大名の場合、陣屋《じんや》と呼ばれる施設が城に該当し、そこには城下町を見下ろすような天守などはなかった。
では陣屋とは何か。早くは『枕草子』にも記述が見えるように、もともとは貴人（主に天皇が居住する宮中）の警護担当者の詰所の意味である。江戸時代の陣屋は一万石などのあまり規模の大きくない大名が領地の拠点とした「城」だが、幕府の代官所や各藩家臣に与えられた知行《ちぎょう》地の拠点も陣屋と称されることがあった。著名な陣屋としては高山《たかやま》陣屋（現・岐阜県高山市）が挙げられよう。高山の地はもともと大名・金森家の所領であったが、元禄五年（一六九二）に幕府領となって以降、高山陣屋が建設されて、明治維新後も公共機関として活用された。そして、現在では高山市の代表的な観光スポットとなっている。

生実藩のような大名の陣屋として現存するものは数少ない。丹波国柏原《かいばら》藩（現・兵庫県丹波市柏原町）の柏原陣屋は国の史跡として長屋門や御殿《ごてん》の一部が遺されている。柏原藩二万石は元禄八年に織田信長の息子である信雄《のぶかつ》の末裔が領し、以降、明治維新まで同地を治めた。この長屋門は正徳四年（一七一四）創建当時のものである。

また、上野国七日市《なのかいち》藩（現・群馬県富岡市七日市）の七日市陣屋も現在は富岡高校の敷地内であるが、御殿や黒門・大手門などの遺構が遺されている。七日市藩一万石は前田利家《としいえ》の五男である利孝《としたか》が大坂の陣の功績によって与えられ、明治維新まで治めた地である。なお、このような陣屋とその周辺の陣屋町の研究として

柏原陣屋
（丹波市教育委員会提供）

高山陣屋
（高山陣屋管理事務所提供）

は米田藤博氏による『小藩大名の家臣団と陣屋町』が西日本・中部地方・南関東を網羅しており、現在、その他の地域の研究も進めている。参考になる一冊といえよう。

千葉県内の陣屋

それでは千葉県内に陣屋と名のつくものはいったいどれくらいあるのであろうか。千葉県内の陣屋については『千葉県教育振興財団研究紀要』第二八号に詳細な研究成果が掲載されており、それに基づいて検討してみよう。

千葉県内の陣屋は大きく五つに分けられる。①大名陣屋、②大名出張《しゅっちょう》陣屋、③旗本陣屋、④海防陣屋、⑤代官陣屋である。千葉県内の陣屋は大小合わせて約六〇カ所にも及び、一部は発掘調査なども進められている。それぞれについて概観してみたい。

①大名陣屋。本書の主人公である生実藩をはじめとして、文禄元年（一五九二）から約三年間松平家忠が居所とした上代《かじろ》陣屋（現・香取郡干潟町上代）や内田家の居所・小見川《おみがわ》陣屋（現・香取郡小見川町）などがある。内田家はもともと今川義元の家臣であったが家康に仕え、内田正信《まさのぶ》は三代将軍・家光の時に一万石の大名となり小見川の地を領したといわれている。のちに五千石を加増されて下野国鹿沼《かぬま》

（現・栃木県鹿沼市）藩主となったが、家光の死に伴って殉死した。内田家は享保九年（一七二四）に転封となって小見川陣屋を居所とし、その後、明治維新まで領した。大規模な発掘調査が行なわれた陣屋として上総国飯野《いいの》藩一万七千石の大名・保科《ほしな》家の飯野陣屋（現・富津市下飯野）がある。初代・保科正貞《まささだ》は保科正光《まさみつ》の嫡男であるが、父・正光は徳川秀忠の四男・幸松《ゆきまつ》（のちの保科正之《まさゆき》）を養子としたため、別家として大名に取り立てられた。

②大名出張陣屋。大名は飛び地（拠点である城・陣屋の周辺領地から空間的に離れた領地）を支配するにあたって、その支配の拠点とするために陣屋が設けられた。川越藩の三本松《さんぼんまつ》陣屋（現・君津市大戸見）、前橋藩の向郷《むかいごう》陣屋（現・君津市向郷）、佐賀藩の郡《こおり》陣屋（現・香取郡神崎町郡）、津藩の大貫《おおぬき》陣屋（現・香取郡神崎町大貫）などである。このうち、例えば大貫陣屋の場合、陣屋の跡地と思われる境に水路が流れているものの、往時を偲ばせるものはなかなか見当たらないが、陣屋が置かれた天神山《てんじんやま》に「下総国香取郡藤堂氏旧封邑之碑」の石碑が近代になって建立されている。

③旗本陣屋。千葉県内は旗本領が多く、統治のための陣屋が多く設置された。近世初期の陣屋の場合、中世城郭を転用する事例が多く見られ、例えば米津《よねきつ》家の岩戸《いわと》陣屋（現・印西市岩戸）は中世の岩戸城を用いたともいわれている。また、旗本・川口家の青菅《あおすげ》陣屋（現・佐倉市青菅）は「陣屋」の屋号や「陣屋口」という小《こ》

字名《あざめい》が遺されており、地名から当時の景観を蘇らせてくれる。
④海防陣屋。近世後期に欧米諸国からの来航に備えて江戸湾や外房《そとぼう》に多くの台場が建設され、軍事拠点としての海防陣屋も設置された。研究や発掘調査が多いものとして富津《ふっつ》陣屋（現・富津市富津）が挙げられよう。絵図も遺されており、当時の陣屋内の構造が詳細に判明する。
⑤代官陣屋。幕府領の支配をした陣屋で、著名なのは幕府の牧《まき》（馬の飼育をした牧場）の管轄をした小金《こがね》陣屋（現・松戸市殿平賀内）や金ケ作《かねがさく》陣屋（現在の松戸市金ケ作）であろう。小金陣屋は幕府野馬《のま》奉行を代々務めた綿貫《わたぬき》家の役宅である。
これらの陣屋は全国の城郭跡同様、現在の敷地の中心などに神社を勧請《かんじょう》している場合が多く見られる。また、既述の川口家の青菅陣屋のように小字名として遺っていたり、津藩の大貫陣屋のように近現代に至って石碑や案内板が建てられていることが多い。建物としての遺構はないものの、往時の景観に思いを馳せることは可能であろう。

生実陣屋の姿

生実陣屋はどのようであったか。生実陣屋については千葉市教育委員会・千葉市文化財調査協会が編集した発掘調査報告書に、中世の小弓城と合わせて詳細に記されている（『千葉市生実城跡』）。また、既述の米田藤博氏による『小藩大名の家臣団と陣屋町』も生実城から生実陣屋までの様相を論じている。千葉県文書館には陣屋内平面図も遺されており、その構造も把握できる。『千葉県教育振興財団研究紀要』第二八号の口絵にも掲載されているので、参照されたい。

　生実陣屋は中世生実城本丸の南東側の平坦な地にあった。現在の生実神社の西側の空堀《からぼり》で隔てられた平地が御殿空間である。生実城は天文八年（一五三九）、原胤清によって築城されたといわれているが、生実陣屋にどのような郭《くるわ》が存在していたかは判然としない。ただし、生実陣屋の場所は生実城の本丸・二の丸の南東側下に位置し、四方を空堀に囲まれ、近世には陣屋が築かれたため、重要な役割を担った場所であることは間違いあるまい。なお、これら中世の生実城の痕跡はいくつかの空堀を遺すのみであり、大部分は住宅地として造成されてしまった。県道66号線と67号線が行き交う北生実上宿交差点の東側に、生実城の東端にあたる馬出《うまだし》（城郭の出入り口の小さな郭）が遺されており、「北小弓城大手口跡」の石碑と二体の地蔵菩薩の石仏が並んでいる。そのうち一体の地蔵菩薩は安永五年（一七七六）二月二十四日の年記があり、「生実村上町橋戸男女」と刻まれている。上町橋戸とは、森川陣屋の北側の小字名で、現在ではその地名は忘れ去られてしまったが、以前は生実町字橋戸と住所表記がなされ、橋戸公園の名前として往時の地名を遺している。どのような理由で「橋戸男女」が石仏を建立したのかは不

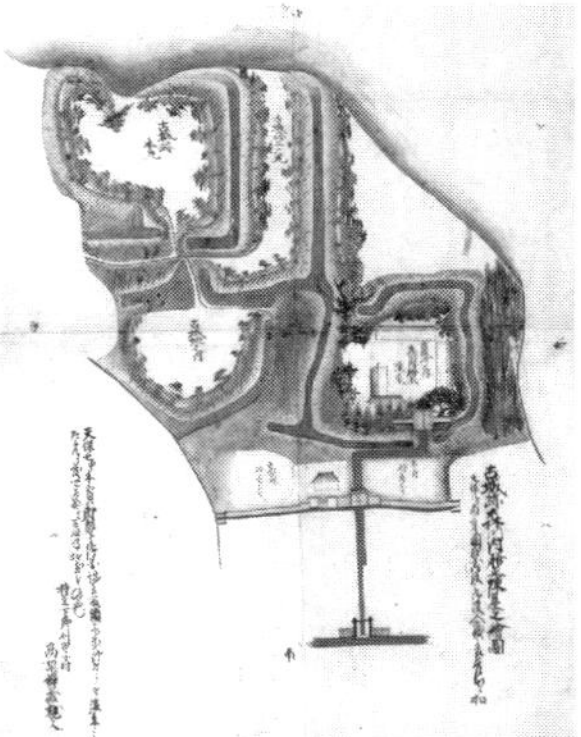
「古城跡森川内膳正陣屋之絵図」（千葉市立郷土博物館蔵）

陣屋近くの地蔵（千葉市中央区）

明であるが、男女が地蔵菩薩を建立したとすれば、幼い子の供養ということが想定されよう。

米田氏の研究では明治初年頃の陣屋の様相を分析している。それら研究蓄積を踏まえつつ、明治維新期の生実陣屋の景観を復元してみよう。

陣屋の南側にある町屋との境に冠木門《かぶきもん》が建てられていた。町屋は東側から上宿・中宿・下宿と称されているが、これは現在の県道66号線の南側に該当する。現在でも町屋の道を歩くと、道の幅員から考えて、江戸時代の段階からの拡幅はほとんどないものと推測される。陣屋の入り口に建てられていた冠木門とは、二本の門柱に冠木という横木を通した門のことで、主に屋根のない比較的簡素な門のことである。

入り口の冠木門を通って北に真っ直ぐ行くと、中門《なかもん》としての棟門《むねもん》が建てられていた。棟門とは、二本の門柱に切妻式の屋根を持ち、小屋組みにした門のこと。中門があった場所は現在の県道66号線の付近である。中門を含めて陣屋空間にたどり着くまでの間に二つの棟門を通ることとなったようだ。中門から陣屋の中心までの間には一三棟の長屋などが配されていた。

陣屋中心は四方を空堀に囲まれており、中央には森川家当主などが居住した御殿をはじめとして数棟の長屋が建てられていた。さらに陣屋空間の北側には、長い長屋が確認できる。厩屋《うまや》の横に仕切られた空間があるが、おそらく馬場であろう。これらの名残りは残念ながらほとんど遺っておらず、わずかに陣屋の空間を分けた空堀が現存する程度である。

生実神社

生実陣屋の御殿の空間の東隣、空堀をはさんだ場所に鎮座しているのが生実神社である。県道66号線を東に進み、生実坂を上りきったところだ。生実神社の地にはもともと「御霊宮《ごりょうぐう》」「御霊大明神」が祀られており、生実神社に千葉市教育委員会が設置した案内板には、創建は明らかでないが、天文年間（一五三二〜一五五五）に城主の原氏が祀ったと記されている。「御霊宮」「御霊大明神」という名称から考えて、御霊信仰に基づくものと考えられる。

御霊信仰とは、天災・災厄《さいやく》などの原因を怨霊《おんりょう》による祟《たた》りと認識して、それらからのがれるために怨霊を祀った信仰のことであって、現在では京都の上御霊神社・下御霊神社が著名であろう。原氏による信仰段階で祭神《さいしん》という発想が備わっていたかは不明だが、一般的な御霊信仰のようにいつしか八所御霊《はっしょごりょう》と称して八人の「怨霊」を祀るようになっていった。その八人とは、早良《さわら》親王（皇太子だったが藤原種継《たねつぐ》暗殺に関与したとして配流《はいる》）・伊予《いよ》親王（反逆の罪を疑われて幽閉後自殺）・藤原吉子《きし》（伊予親王の母。親王と同じく自殺）・藤原広嗣《ひろつぐ》（藤原広嗣の乱の首謀者）・

生実神社（千葉市中央区）

橘逸勢《たちばなのはやなり》（承和の変により配流）・文室宮田麻呂《ふんやのみやたまろ》（反乱の罪を疑われて配流）・菅原道真《すがわらのみちざね》（のちに天神信仰の対象となる）、さらには特に「怨霊」ではないが吉備真備《きびのまきび》である。おそらく、当時の武士は戦いの中で戦死者を畏怖《いふ》し、その供養を行なおうとする御霊信仰（京都の御霊神社のように必ずしも明確な祭神が措定されているわけではない）が盛んであり、原氏もそのような意識から勧請したものと思われる。その後、明治時代に至って神を祀った近隣の「ヤシロ」を合祀して、現在の生実神社に至った。

大正十五年（一九二六）に刊行された『千葉県千葉郡誌』によれば、明治四年（一八七一）以降北生実の産土《うぶすな》神（氏神）として当該地域の篤い信仰を得ており、社宝として八代藩主・森川俊知が書いた「御霊宮」の額、江戸時代中ごろの書家である佐々木玄龍《げんりょう》の書いた「御霊大明神」の額、玄龍よりも一世代後の篆刻《てんこく》家で書も嗜んだ深川親和《しんな》の書いた「稲荷大明神」の額、有栖川宮幸仁《ありすがわのみやゆきひと》親王の書いた「八幡宮」の額などが遺されていた。

現在では社務所の向かい側に生実城と生実陣屋の案内板や解説が設置されており、絵図や空堀の断面図など豊富な内容を掲載している。また、入り口には文化二年（一八〇五）八月の年記をもつ立派な明神鳥居が参拝する人々を出迎えてくれる。境内《けいだい》地は決して広くはないものの江戸時代まで遡る手水鉢《ちょうずばち》や北東側の築《つき》山《やま》には「浅間《せんげん》神社」「富士浅間大明神」の碑が確認でき、周辺地域の富士信仰を

生実神社の浅間神社・富士浅間大明神の石碑

うかがわせる石碑といえよう。また、この「富士浅間大明神」の石碑には「祭主麻績重悟」と刻まれているが、既述の通り、「生実」の名称は「麻績」に基づくため、この地の歴史を視覚的に理解する上で、重要な遺物である。

なお、『千葉県千葉郡誌』によれば、生実神社には近隣の神社が十数社合祀（ひとつの神社境内地に別の神社を祀ること）されていると記されている。既述の稲荷社・浅間社をはじめとして、八幡社なども合祀されているようだ。こうした合祀の理由として、近代以降に政府が神社の荘厳化や神社の運営資金確保などを目指すため、管理が十分でない地域の神社の統合を進めたことによるが、生実の地でも各村々の神社は、近代化の流れの中で生実神社へと統合されていった。

②

生実藩に勤める家臣団

一万石の大名とはどの程度の家臣団を抱えていたのであろうか。
その組織や制度、森川家ならではの幕府との関係、
生実藩の重臣・家臣がどのような人物たちであったかを明らかにする。

一万石大名の家臣団規模――一六八名の森川家家臣

幕府や諸藩の家臣団については、各地の郷土史や自治体史の中で紹介されており、軍役《ぐんえき》研究（武家がどれくらいの軍事力を戦争に連れていくか、農村ではどのように徴収されていくか）や幕府軍制研究でも詳細に分析されてきており、多くの藩で家臣団の規模が明らかにされている。

家臣団の形成と展開過程から、藩政の特質を明らかにする方法論を確立した根岸茂夫氏『近世武家社会の形成と構造』によれば、下総国佐倉藩堀田家十一万石の場合、延享三年（一七四六）に佐倉藩へ入封《にゅうほう》した際の家臣を記した「正亮公御代分限帳」が遺されており、知行高（所領の石高）三千石の家臣をトップに、知行地を有する家臣は二〇五名、蔵米取（俸禄として米を支給される）は三八〇名、

扶持米取《ふちまい》（一人扶持一日五合として米を支給される）は五九名、給金取（俸禄として金銭を支給される）は一四八名、その他、与力・同心・中間《ちゅうげん》・職人などを合わせて、家臣団は一五四七名におよんでいた。また、寛文年間（一六六一〜一六七三）の状態を記したと思われる武蔵国忍《おし》藩阿部家八万石の場合、「忠秋様御代慶安年中分限帳写《うつし》」が遺されており、二千石の城代一名、五百石から二千石の家老など武士身分が四六〇名、足軽《あしがる》などの人々が八二四名いたことが知られている。

本書の生実藩の家臣については、「御家中分限帳」（千葉県文書館蔵）が遺されており、表紙の年記は弘化二年（一八四五）十二月であるが、内容は文久年間（一八六一〜一八六四）にまで及んでいる。この帳簿は等級ごとに家臣の名前・石高・役職履歴を記した短冊《たんざく》が貼付されている史料で、冒頭に「等級外」として百二十石取の京僧権左衛門《きょうそうごんざえもん》（後述するように森川俊民が幕府奏者番に就任した際、公用人として活躍）、「壱等」として百五十石取の氏家平馬《うじいえへいま》（幕末から明治維新期に執政職として藩政を担った氏家廣精）を掲載している。残念ながら、この帳面は劣化が激しいために判然としないところも多いが、米田藤博氏の研究に依拠すれば、足軽なども含めて一六八名の家臣を抱えていたことが明らかとなっている。江戸と国許《もと》における政治・行政はもちろん、藩主が幕府役職についていた場合、幕政に関わる事務も担うこととなっており、一六八名の家臣団は毎日てんやわんやだったものと思われる。

生実藩制の組織

生実藩の組織を明らかにする十分な資料は乏しい。自治体史や『藩史大事典』といった当該地域を理解する上でこの上ない研究蓄積をめくってみても、生実藩制は十分に把握できない。そこで、既述の森川家文書「御家中分限帳」から少しばかり藩制を垣間見てみよう。

例えば、後述する生実藩重臣に目を向けてみたい。氏家平馬は嘉永五年（一八五二）七月五日に召し出され、金四両とともに四季の「御仕着《おしきせ》」（季節に応じて衣服や衣服に相当する金銭など）・一人扶持（一日五合として支給される米）を支給されることとなった。同年八月十六日に主君に初めて御目見をし、近習に命じられている。当時の主君は九代藩主・俊民《としたみ》であり、この年の七月八日に幕府若年寄に就任したばかりであったため、初めての御目見は若年寄就任直後に拝領した江戸城龍の口の上屋敷（大手門外。現・千代田区丸の内一丁目）であろう。その後、安政二年（一八五五）十一月四日に家督を相続し、同六年六月二十七日には側用人兼徒士頭を命じられている。徒頭とは、藩内の武士集団を束ねる侍大将的役割だが、生実藩における定員や日常の役割、配下人数は不明である。万延元年（一八六〇）四月朔日《ついたち》に側用人、同年十二月五日には用人に就任している。生実藩の場合、側用人と用人は明確に区別されており、側用人は藩主の意向を藩政の運営主体である執政職らへ伝達する役割であったものと思われるが、それぞれの職掌は判然としない。後述するように、氏家平馬は幕末・明治維新の生実藩を主導した氏家廣精のことであるが、重臣クラスの場合、徒頭のような軍事的なトップを務めた後、側用人、用人を経て執政職（家老）に就任するという昇進過程がうかがえよう。

また、ここで注目されるのは、側用人格という格式であるが、「御家中分限帳」に記された家臣には役職とは別に大小姓格・中小姓格などの格式が記されている。これは主君の前での座席・家臣間での礼儀などに影響があったものと思われる。

次に桑名《くわな》弥右衛門《やえもん》という人物の事例を見てみよう。彼は文政十年（一八二七）正月十一日に召し出されて、大小姓格の格式を与えられ、嘉永元年六月四日に郡代吟味役、安政二年九月十六日に留守居添役《そえやく》に任じられ、役料として二人扶持を加増、同六年四月十日郡代に昇進している。郡代とは、他藩で設置された郡奉行と同様で、領内の村方を管理した役職である。また、生実藩の場合、留守居は国許である生実陣屋における主君の留守を委ねられた役職と思われる。このふたつの役職が国許の支配・行政全般を担ったのであろう。なお、桑名弥右衛門の養子・孫太郎は慶応元年（一八六五）六月十七日に小姓格として召し出されて、金六両と一人扶持を与えられている。

藩の文書業務を担った右筆についても確認してみよう。寺尾徳之進《てらおとくのしん》の二男・鎌《かま》次郎《じろう》は、安政七年正月十一日に父から藩への内々の願いによって書役見習《かきやくみならい》・御《ご》用部屋《ようべや》小間使《こまづかい》として登用された。書役は名前の如く藩内の公文書を執筆する担当であろう。鎌次郎は書役見習として「筆道」を励んだことが認められ、文久元年八月二十五日に遊筆《ゆうひつ》見習となり、給金三両を与えられ、御用部屋小間使を免除された。遊筆は右筆のことで主君自身の命令や手紙を執筆する役職である。これらのことから生実藩上屋敷には藩政を議論する御用部屋があり、その場には雑務を担う小間使がいたこと、兼任をしていることから書記をする書役が詰めていたものと思われる。

ところで、「御家中分限帳」には生実藩士を記したあとに「御出入扶持被下置候分」として六名の人物が記されている（そのうち一名には貼紙があり、複数名の名前が見える）。「御出入扶持被下置候分」は「御出入り扶持下され置きそうろう分《ぶん》」と読み、藩に出入りして扶持を与えられている人々であることがわかる。そのうちのひとり、飯豊利八郎は浜野村の人物で、安政三年四月十六日に五人扶持を与えられて御蔵元格船方取締に任じられ、同五年四月には苗字帯刀を許されている。生実藩の年貢米輸送や浜野村（現・千葉市中央区浜野町）の流通を担った人物であろう。なお、飯豊利八郎の蔵書と思われる「慶元拾遺大成」という書物を筑波大学が所蔵している。「慶元拾遺大成」とは、慶長年間（一五九六～一六一

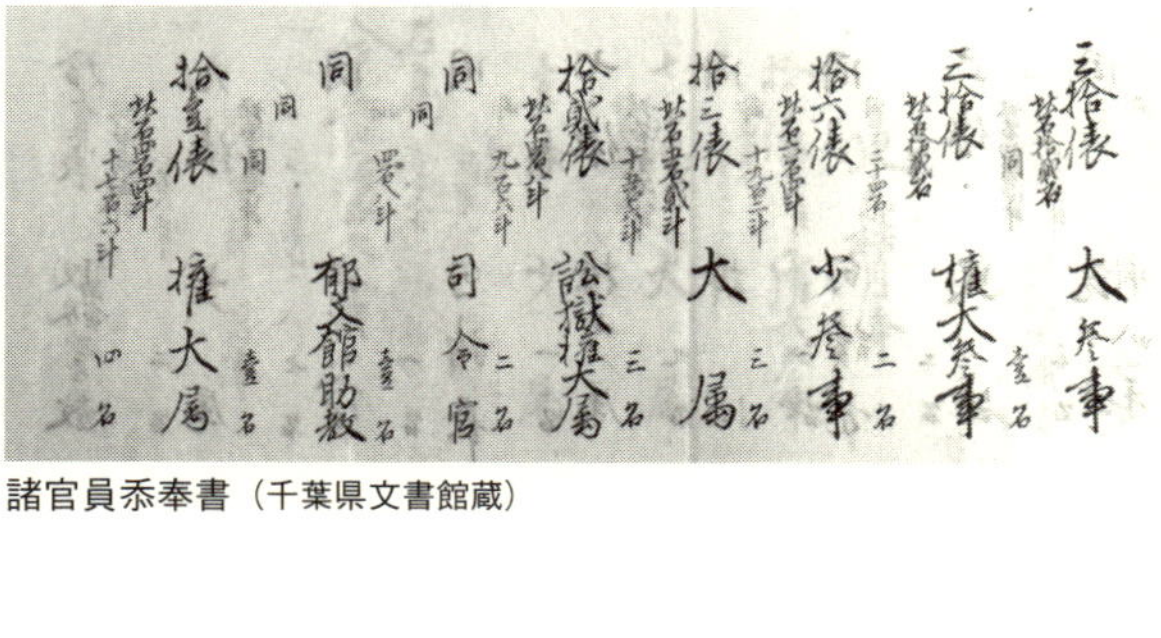
諸官員忝奉書（千葉県文書館蔵）

五）・元和年間（一六一五〜一六二四）の時代を描いた歴史書で、徳川家の正史である『徳川実紀』の編纂にも利用されている書物だ。彼がこの書物をどのように読んだかは判然としないが、藩主の先祖である森川重俊の活躍に思いを馳せていたのかもしれない。

飯豊利八郎の次には苗字をもたない安兵衛という人物が記されている。安兵衛は安政五年四月に北生実村名主格として、一人扶持を与えられた。名主ではなく名主格であるので、何らかの功績によって扶持を与えられることとなったのであろう。全国的に見て、藩への多額の献金などによって扶持や苗字帯刀を許される場合が多いが、安兵衛は後述するように、天保の飢饉に際して、困窮する人々へ施行した人物である。なお、安兵衛の記述の横に「鉄砲師弐人《ににん》扶持」という貼紙があり、特殊性がうかがえる。

明治維新後の版籍奉還では官制改革が行われ、知藩事の下に大参事《だいさんじ》などの官職が設置されるようになった。生実藩の場合、大参事（一名）・権《ごんの》大参事（二名）・少参事（三名）・大属《だいぞく》（三名）・訟獄権大属《しょうごくごんのだいぞく》（二名）・司令官（一名）・郁文館助教《いくぶんかんじょきょう》（一名）・権大属（四名）が主な官職である。このうち、大参事は氏家廣精、権大参事は市原正義・大橋喜直、少参事は①軍事・非役掛《ひやくがかり》、②会計・営繕掛《えいぜんがかり》、③司農・刑法掛と職掌が分かれ、それぞれ三名が分担した。

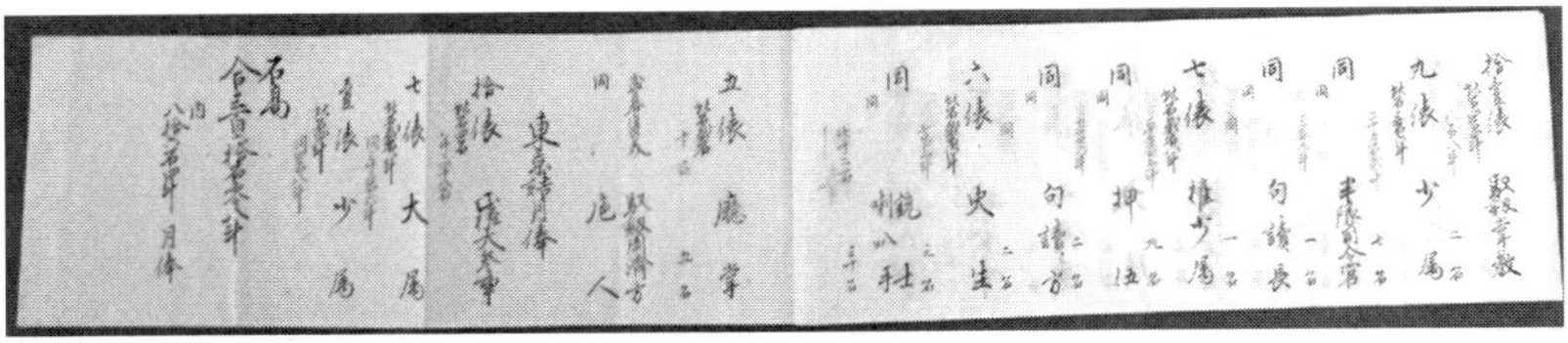

諸官員忝奉書（千葉県文書館蔵）

生実藩の重臣たち

生実藩家臣の中でも事績がわかりやすい近世後期の重臣クラスを見てみよう。千葉県文書館蔵の森川家文書には「御家中分限帳」だけではなく、重臣クラスの履歴書が多く遺されている。なお、藩校や幕末政治史に関わった人物については別に触れたいと思う。

生実藩の重臣としてしばしば登場するのが、氏家・青木・京僧・市原・大橋氏である。

氏家氏は知行高百五十石。家系の詳細は不明だが、室町時代に三河国守護代として氏家氏がおり、その一族であろうか。近世後期の当主・廣寶は安政二年（一八五五）八月に病のため死去するまで藩の政務を長く担った。後継者である養孫・廣精（父は早世）はすでに本書で記している氏家平馬のことだ。安政六年六月に側用人兼徒士頭となり、その後、文久元年（一八六一）十二月に用人役、文久二年八月、民事会計元締など若いながらも藩の中枢的な役職を歴任していた。翌三年には水戸藩内での内訌《ないこう》を懸念した幕府が生実藩に板橋宿での「検問」を命ずるが、その指揮にあたったのが廣精であった。幕末には藩の執政職となり、また王政復古に際しては、藩内で勤王か佐幕かの大きな議論が巻き起こり、藩を二分する騒動に発展するところを廣精は勤王を説き、藩論を統一することに成功した。その功績によって二十石加増されている。その後、明治維新後の版籍奉還にあたっては生実藩大参事に就任し、明治二年（一八六九）十月には集議院《しゅうぎいん》議事に着任した。この集議院とは、明治新政府による最初の立法府である公議所の後継であるが、まだ後の国会のような権限はなかった。廣精が新政府の中でどのような活動をしたのかについては興味深いが、詳細は不明である。ただし、廃藩置県により旧藩関係の事務を整理し、新しい行政に引き継ぐことができた功績は特筆すべき点であろう。なお、分家と目される氏家廣福も執政職を務めるが、彼は藩校・郁文館と関係しているため、別に述べたい。

青木氏は知行高百七十五石。生実藩家臣団の中で青木氏は最大の石高であった。近世後期は代々、青木七郎右衛門と称していたものと思われる。安政二年に九代藩主・森川俊民が死去すると、執政職として後継者選定に奔走《ほんそう》した。七郎右衛門は文久元年五月に四十九歳で江戸藩邸にて死去した。この跡を継いだ七郎右衛門については敦禮という諱名《いみな》がわかっており、家督相続後、側用人兼徒士頭・用人役を歴任して、執政職に着任し、洋式練兵を監督したことが知られている。明治維新後は大参事・氏家廣精に次ぐ生実藩少参事に任じられた。幕末期の七郎右衛門敦禮については幕末の話のところで再度登場してもらおう。

京僧氏は知行高百石。全国的に見ても珍しい苗字であるが、近世初頭に京僧安《やす》太夫《だゆう》が創始した槍術の流派として、京僧流が知られている。京僧氏は早い段階で森川家の重臣を務めていたものと思われ、森川家文書に遺されている朱印箱内文書目録に京僧権左衛門が加判している。幕末の当主・権左衛門は嘉永年間（一八四八～一八五四）に側用人を務め、九代藩主・森川俊民が幕府の若年寄を務めた際に実務を担当する公用人となっている。その後、用人・番頭役・物頭役兼任を歴任して、執政・民事総裁・勝手《かって》方元締《かたもとじめ》という藩政のトップに至っている。慶応三年（一八六七）十二月、病により職を辞した。事績が不明なのが残念であるが、幕府奏者番の公用人は将軍に献上される品物の管理など、一藩士ながらも幕府儀礼の実務を担う職務であり、事務官僚能力の高さをうかがわせる。

　市原氏は知行高百十石。現在でも地名として遺っているように、下総国市原郡の名族の流れを汲む家で、中世千葉氏の家臣であった。幕末の当主は市原正義であった。万延元年（一八六〇）二月に家督を相続し、慶応三年十二月に物頭・側用人となり、明治二年三月に参政となっている。なお、森川家文書の中には海軍大佐を務めた市原琢磨《たくま》の写真が遺されている。森川家文書の中には昭和七年（一九三二）七月に森川邸を訪れて、市原正義宛書状の写しを市原琢磨夫妻が森川邸に持参していることから、琢磨は正義の子孫であるものと考えてよかろう。

　大橋氏は知行高七十石。三河国額田《ぬかだ》郡の国人領主に大橋氏の名前が見えることから、この家の末裔であろうか。また、関東では佐野・小山氏といった藤原秀郷《ひでさと》

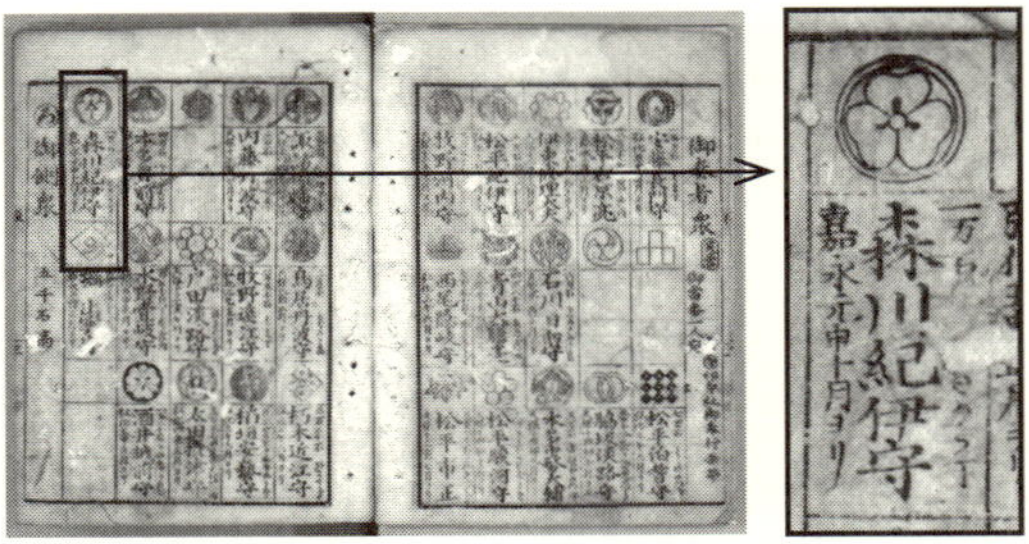

「嘉永武鑑」
（国立国会図書館蔵）

市原琢磨写真
（千葉県文書館蔵）

の末裔にも大橋氏の名が見える。幕末の当主・喜直は安政六年五月に父・喜之から家督を相続し、江戸藩邸にて若き主君である十一代藩主・森川俊徳《としのり》の側近となった。軍事に明るかったらしく砲術《ほうじゅつ》周旋方《しゅうせんかた》を務め、文久三年二月には軽卒洋《けいそつよう》式《しき》練兵《れんぺい》教授、元治元年（一八六四）十一月には新組《しんぐみ》物頭《ものがしら》徒士頭《かちがしら》を歴任している。大政奉還後、慶応三年十二月には江戸での暴徒横行の取り締まりを命じられている。側用人を務めた後に明治二年七月には執政となり、生実藩権大参事・軍事総裁となっている。生実藩の武力を担った大橋喜直だが、吏僚的な活動も注目に値する。廃藩置県後、旧藩の残務をこなして、領地が各地に点在していたため、それらを整理して新しく設置された県にスムーズな事務継承を行なった後に退職している。彼は旧藩残務処理が一段落した明治五年五月、本籍を東京に移した。

　後述するように、生実藩の重臣たちは幕末政治史や明治維新に積極的に関わったわけではない。しかし、彼らは幕末・明治維新の混乱期に地道に藩主を支え、藩の最期を看取りつつ、近代の千葉県行政（一部は神奈川県行政）へとバトンタッチした。決して、注目されない明治維新の生実藩の重臣たちに、現在の千葉県の礎を見て取ることは間違いではないであろう。

③ 藩校・郁文館と領内の教育

江戸時代各藩で人材を求めて設置された藩校。
生実藩でも郁文館という藩校が創られた。
生実藩内の教育はどのように展開していったのであろうか。

全国の藩校の動向

藩校とは、藩が藩士・領民に学ばせるために設置した教育機関である。藩校研究のための足掛かりとして、『近世藩制・藩校大事典』にしたがって藩校の概略を述べてみよう。

江戸時代後半以降、多くの藩において藩校が設置されるが、その数は二二五校といわれている。江戸時代前期の藩校として最も著名なものが、岡山藩の花畠《はなばたけ》教場《きょうじょう》であろう。花畠教場は、寛永十八年（一六四一）に藩主・池田光政《みつまさ》によって、武芸と儒学を藩士に学ばせるため設置された。ただし、この段階では組織化されていたわけではないようだ。寛文六年（一六六六）に岡山城内に移転して仮学館《かりがくかん》と称し、以後、藩内外から入学者が訪れた。その他、名古屋藩（尾張藩）・高松藩などでも藩校が設置されているが、総じて江戸時代前期の藩校は藩主による主導で設置されており、藩主の死去を契機として衰退していったと評価されている。

十八世紀半ば以降、次々と藩校が誕生し、単に学問をするだけではなく、いずれは藩政を担う人材を育てるためという現実的な課題をもっていた。武芸・儒学《じゅがく》はもちろん、算学・洋学・兵学などを学ぶ機会も設けており、組織・制度が整えられていった。とりわけこの時期の藩校設置とその運営は藩政改革の一環であったと評価できる。

例えば、会津藩の藩校である日新館《にっしんかん》の場合、天明の飢饉に伴う藩財政悪化を立て直すため、家老・田中玄宰《はるなか》による改革の中で設置された。藩士の子弟は十歳になると入学し、優秀者は江戸への遊学なども認められた。建物は戊辰《ぼしん》戦争に罹災し、現存していないものの（図面に基づいて昭和六十二年〈一九八七〉に再現）、天文台跡の石垣が遺されている。また、富山藩の藩校である広徳《こうとく》館は藩主・前田利與《としとも》が藩財政の悪化の中、人材育成を目的として開校した。松本藩も和漢学・兵学・礼法などを学ぶために設置され、明治維新後は開智《かいち》学校と名称を改め、擬洋風《ぎようふう》建築の校舎は国の重要文化財として松本市のシンボルとなっている。

幕末期には富国強兵・殖産興業という近代に続く課題に応えるため、規模の小さい藩でも藩校が設置されていった。安政二年（一八五五）に開校した松代《まつしろ》藩の藩校・文武《ぶんぶ》学校は創建当時の姿を今に遺しており、国史跡に指定され、内部公開されている。文武学校は廃藩置県後も学校としての機能を保ち、昭和四十年代まで松代小学校校舎として利用された。

千葉県内の藩校

江戸幕府が成立して、廃藩置県に至るまでの間、現在の千葉県内には四二の藩が成立した。江戸時代、県内は幕府領・旗本領が多く、これらの藩のうち、多くは明治維新期に成立した藩である。では、県内にはどのような藩校があったのであろうか。再び『近世藩制・藩校大事典』を繙いてみよう。

県内の藩のうち、藩校をもっていた藩は実に二〇におよんでいる。そのうち、本書で述べる生実藩は成立時期が不明なので除外すると、十九世紀成立の藩校は一七校であり、そのうち一〇校が明治維新期の成立であった。他方、十九世紀以前成立の二校は佐倉藩温故堂《おんこ》と佐貫藩《さぬき》誠道館《せいどう》である。多くの場合、近世後期の内《ない》憂外患《ゆうがいかん》の中、新しい人材の登用を目指して作られていることがわかる。ここでは県内でも古い佐倉藩温故堂と佐貫藩誠道館の事例を挙げてみたい。

佐倉藩は延享三年（一七四六）に出羽国山形藩堀田家が十一万石で入封した。藩校・温故堂は寛政四年（一七九二）に藩主・堀田正順《まさなり》が学問所を設置したことにはじまる。文化年間（一八〇四～一八一八）に温故堂という名称が与えられた

（のちに成徳書院《せいとくしょいん》と称する）。儒学・武芸のみならず、医学を中心とした蘭学を学ぶ機関として総合大学的な役割を果たし、その後、千葉県立佐倉高校に至っている。

佐貫藩は宝永七年（一七一〇）に三河国刈谷《かりや》藩阿部家が一万六千石で入封した。藩校・誠道館は寛政八年に領内に設置され、同時に江戸藩邸内に撰秀館《せんしゅうかん》も創設された。藩士の子弟は八歳になると入学が義務づけられており、儒学・漢学・武芸を学ぶ機関となっていった。現在、誠道館の地は東京電力佐貫町変電所として利用されている。

その他、県内で著名な藩校としては大多喜《おおたき》藩大河内《おおこうち》家（二万石）の明善堂《めいぜんどう》が挙げられよう。文政年間（一八一八～一八三〇）に大多喜城三の丸に創設され、同十二年には明善堂と名づけられた。朱子学《しゅしがく》の教授として昌平黌《しょうへいこう》から安積艮斎《あさかごんさい》を招《しょう》聘《へい》しており、また、優秀な者のうち洋学の専門である慶應義塾《けいおうぎじゅく》への藩費留学などを行なっていた。残念ながら明治六年（一八七三）の火災で建物も図書・文書も灰燼《かいじん》に帰《き》してしまった。明治三十三年に大多喜城二の丸に旧制大多喜中学校が創立され、学制改革によって大多喜高校となるが、現在では明善堂の名に因んだ明善祭という文化祭が開催されている。

なお、松代藩の文武学校のように藩校の建物が遺されているところは県内では見られない。

慶應義塾発祥の碑

森川俊胤に仕えた太宰春台

生実藩の藩校の設置時期については判然としない。ただし、江戸幕府の若年寄まで務めた四代藩主・俊胤のもとに太宰春台《だざいしゅんだい》が一時期仕えており、この時期をもって藩内で学問を学ぶ機運が芽生えだしたとも評価されている。

ここで太宰春台について見てみたい。太宰春台は、延宝八年（一六八〇）に信濃国飯田藩堀家二万石の城下町に、平手言辰《ひらてときたつ》の息子として生まれた。通称は弥右衛門、諱名を純といった。平手家は堀家の家臣であり、織田信長の家老・平手政《まさ》秀《ひで》の一族であるという。堀家といえば、織田信長の武将として活躍し、豊臣秀吉の天下統一戦の中で越前国北ノ庄《きたのしょう》十八万石を領した堀秀政《ひでまさ》が著名であるが、飯田藩堀家は秀政の二男・親良《ちかよし》が江戸幕府から下野国烏山《からすやま》二万五千石を拝領したことにはじまる。親良の死後、藩主となった親昌《ちかまさ》はふたりの弟に合計五千石を譲り、二万石を相続、寛文十二年（一六六二）に飯田へ転封となった。

春台の父・平手言辰は烏山藩以来の家臣であったが、元禄年間（一六八八～一七〇四）に藩主に疎まれて一家で江戸へ出奔《しゅっぽん》してしまう。そのような中で春台は下総国関宿《せきやど》藩の儒者・中野撝謙《ぎけん》に朱子学を学んでいる。その後、京都に遊学をして、特に伊藤仁斎《いとうじんさい》の古義学《こぎがく》に感銘を受け、春台の学問体系に大きな影響を及ぼす

数年間ながら生実藩に仕えた「太宰春台」（『先哲像伝　近世畸人傳　百家琦行傳』有朋堂書店より　国立国会図書館蔵）

こととなった。

京都遊学を終え、江戸に戻った春台にはふたつの大きな出来事があった。ひとつは正徳三年（一七一三）に荻生《おぎゅう》徂徠《そらい》の門下になったことである。すでに京都で伊藤仁斎の古義学を学んでいた春台にとって、同じ古学の作法に則っている徂徠学を学ぶことは当然の流れであったといえよう。なお、古学とは、朱子学などの後世の学説に基づく儒学ではなく、『論語《ろんご》』『孟子《もうし》』といったもともとの典拠に従って学問をすべきであるという発想に基づいた学問である。もうひとつは生実藩主・森川俊胤に仕えたことである。しかし、彼は五年で生実藩を致仕してしまい、彼自身にどのような影響を及ぼしたか、あるいは生実藩にどのような影響をおよぼしたかは判然としない。少し俊胤と春台について検討してみよう。

正徳二年、春台は生実藩に仕えることとなった。まだ藩校が創られていなかったことから、藩主の学問形成に寄与したものと思われる。春台三十三歳、藩主・森川俊胤は十歳年上であった。当時の俊胤は幕閣の一員として奏者番兼寺社奉行である。既述の通り俊胤は「ケチ」との評判によって若年寄を辞任することとなるが、五年もの間、春台の学問を受けていたと想定すれば、彼の思想が俊胤の志《し》向《こう》に影響を及ぼしたと考えた方がよさそうだ。

生実藩致仕後、享保八年（一七二三）、江戸小石川に紫芝園《ししえん》という私塾を開校し、著作にも励んだ。春台の著作の中で最も著名なものが『経済録』であろう。「経済」という語は「経国済民《けいこくさいみん》」「経世済民《せいせいさいみん》」の略語で、民を救済しつつ国を治めることの意味だが、この語を広めた人物として春台を挙げることができる。春台の発想は市場原理を排することの困難を述べた上で、藩による国産品の専売政策を主張している。徂徠学の思想が現実の政治・社会と密接に関わっており、その後の江戸時代の思想に大きな影響を与えていったが、春台はまさに徂徠学の政治思想を継承した人物といえよう。そして、俊胤の「ケチ」と評される志向性は春台に起因するものと思われ、「ケチ」との評価が正しいのかどうか、検討すべき点である。

郁文館の設立と家老・氏家廣福

生実藩の藩校・郁文館の創立年代は既述の通り不明である。ただし、近世後期から幕末にかけての時期であることは間違いない。さきに見た重臣たちの履歴書のうち、郁文館設立に尽力した氏家廣福のものを確認してみよう。廣福は幕末から明治維新にかけて生実藩の執政を務めた廣精の叔父に当たる人物であり、文政年間（一八一八～一八三〇）から天保年間（一八三〇～一八四四）に廣精の祖父である氏家平馬廣寶とともに藩政を担った家老・氏家藤左衛門廣方の養子になった人物である。藩主の近習役ののち、側用人・物頭を務めている。物頭とは、生実藩の場合、侍大将のような存在である。

その後、廣福は藩内の学問が衰退していることを嘆いて、藩主に多くの建議書を提出した。その建議書の具体的な内容は伝わっていないものの、廣福の履歴書には「学校を設置しなくてはいけない」「学問の講義をしなくてはいけない」と訴えたようだ。藩主（おそらく九代藩主・俊民か）はその意見を聞き入れて、郁文館を創立し、廣福を館長兼教授役に任じた。

「郁文館」の名称は『論語』の一説「子曰、周監於二代、郁郁乎文哉、吾従周」による。意味は「孔子はこのように言われた。周《しゅう》王朝（古代中国の王朝。殷王朝を倒したといわれている）は夏《か》王朝と殷《いん》王朝の二代の王朝を手本としている。何と盛んな文化であろう。私は周王朝の文化に従う」ということで、文化が盛んに興隆している様子を表現した語である。

当初は江戸藩邸内に設置され、明治維新後は生実陣屋に移転したといわれているが、残念ながら漢学を講義したという点以外は内容が判然としない。『近世藩制・藩校大事典』において郁文館の項目を執筆した工藤航平氏によれば、句読《くどく》長《ちょう》として西村弁三郎《べんざぶろう》という人物がおり、句読方として南生実村で寺子屋師匠を務めていた鴇田克巳《ときたかつみ》がいたようだ。句読とは、漢文の素読《そどく》のことであり、郁文館が主に漢文の基本中の基本を学ぶ場であったことがうかがえる。

なお、郁文館の館長となった廣福はその後どうなったか。彼は用人役・留守居役を歴任した後、嘉永五年（一八五二）七月には、九代藩主・俊民が幕府若年寄に就任したのを受けて京僧権左衛門とともに公用人に転じている。公用人とは主君の職務を補助しつつ、実務を担当する役職で、ここでは幕政にも大きく関与したものと想定される。俊民の没後、執政職・青木七郎右衛門とともに次期藩主決定に尽力し、二十石が加増され（合計知行高百石）、執政職・勝手方元締に就任した。万延元年（一八六〇）三月に江戸藩邸にて死去した。

④ 菩提寺・重俊院

初代藩主の名前を冠したのが森川家の菩提寺・重俊院である。
境内地には江戸時代以来の壮大な森川家一族の墓が遺っている。
参拝する者を、森川家墓所の墓石群は圧倒するであろう。

重俊院の創建とその境内地

現在、森川家の名残りを生実の地で見つけようとしてもなかなか見つからない。ただし、森川家の菩提寺である重俊院の荘厳な雰囲気は、今でも我々に生実藩時代の主君を感じさせてくれる。ここでは森川家の菩提寺である重俊院について触れてみたい。

生実陣屋の西側、陣屋の高台から低くなったところに森川家の菩提寺である重俊院がある。名称の由来は当然初代藩主・森川重俊である。いつ建立されたかなどの詳細は判然としないが、重俊の死後、二代藩主に就任した息子・重政によって、重俊の菩提を弔うために建立されたようである。

重俊院は、森川山重俊院と称された曹洞宗寺院であり、釈迦如来が本尊である。

重俊院入り口（千葉市中央区）

『千葉県千葉郡誌』や文部省調査局宗務課による「寺院明細帳」（国文学研究資料館蔵）によれば、本堂は間口七間《けん》、奥行六間であった。千葉市教育委員会が境内地に建てた案内板にも記されているように本堂は昭和四十九年（一九七四）に火災によって焼失してしまい、現在の本堂は火災後に建立されたものである。大正年間（一九一二～一九二六）の境内地の規模は一一七三坪、檀家は一二一戸。残念ながら、詳細な開山時期などの由緒は判然としない。

森川家文書には元禄九年（一六九六）に執筆された「重俊院御寺領写」という史料が遺されており、二十石の寺領が寛永十一年（一六三四）に与えられたようである。

ここで、重俊院を実際に参詣してみよう。重俊院は県道66号線沿い、生実神社の西、生実池の東に位置している。入り口には昭和三十三年（一九五八）春に建てられた「禅苑森川閣」の石碑があり、コンクリートの門柱が出迎えてくれる。この門柱はもともと荒川に架けられていた小松川橋の門柱であり、昭和五十三年秋に移築されたものである。

入って右側は「境内禁葷酒」の碑。禅宗寺院の入り口には必ず設置されている戒壇《かいだん》石に彫られた言葉で、「境内では葷《くん》（にんにくやにらなど）や酒を禁ずる」の意。裏には天保二年（一八三一）正月二十四日に森川重俊の二百回忌に建立した旨が記されている。建立したのは「八代孫従五位下西城参政源俊知」、すなわち西丸

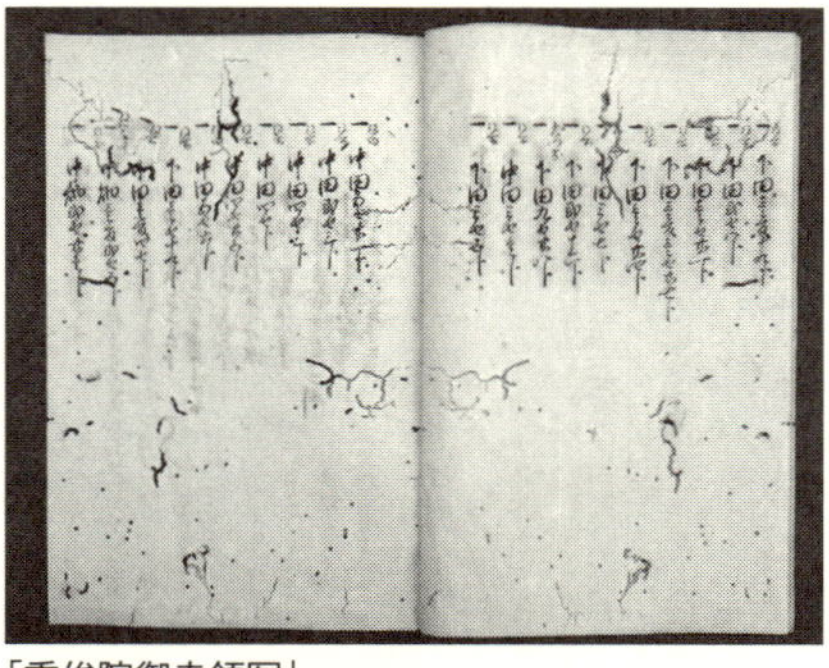
「重俊院御寺領写」
（千葉県文書館蔵）

重俊院「境内禁葷酒」碑

若年寄を務めた八代藩主・森川俊知である。先祖の二百回忌を迎え、その遺徳を後世に遺そうとしたのであろう。当時、幕閣の中枢にいた俊知は、同じく幕閣の名を連ね、大御所・秀忠の死に殉じた先祖に自分を重ね合わせていたのかもしれない。

左側は「諸悪莫作　衆善奉行　自浄其意　是諸仏教」の碑。裏には天保八年に建てられた旨が記されているが、残念ながら摩滅が著しく、裏面の碑文は判読が困難である。碑文の表側の意は、様々な悪行をすることなく、様々な善行をし、自分自身の心を清らかにすること、これが仏の教えである、という禅語のひとつである。

入り口と本堂の間に、現在の参道から西に離れた場所に近世以来の山門が設置されている。千葉県文書館蔵森川家文書には大正二年（一九一三）三月に撮影された写真が遺されているが、屋根は現在の瓦葺きと異なり、藁葺きのように見える。本堂は既述の通り、昭和の火災で焼失した後、再建したもの。「重俊禅院」の額が掲げられている。

本堂裏が森川家の墓所であるが、その前にある本堂脇の小さな碑を見てみよう。格物《かくぶつ》小学校というこの地で最初の小学校が建てられた記念碑が設置されている。のちの生浜小学校の前身であるが、生実の近代教育の発祥の地であったことがうかがえる。

重俊院の森川家墓所

重俊院本堂裏は小高い丘になっている。「千葉市重要文化財指定森川氏累代の墓」の碑を左手に見つつ、千葉市教育委員会の立て看板、「寂定関《じゃくじょうかん》」の額を掲げた門を抜けると、眼前に木々が生い茂った墓所の丘が広がる。墓所の入り口には門柱が建っているが、これは昭和三十八年（一九六三）に本堂・庫裏《くり》の改修などの記念のために建てられたものである。そして右手には一一基、左手には九基の燈籠が出迎えてくれる。左手一番手前の一際大きな燈籠は森川重俊の墓前に造られた燈籠である。

階段を登ると正面に森川重俊、右側に重俊の妻（大久保忠隣の養女）、左側に重俊の息子である二代藩主の重政、それぞれの舟形をした墓が聳え立っている。重政の墓の左隣には立派な宝篋印塔が建っているが、「円通院殿」と記されていることから、重政の妻（板倉重宗の娘）の墓であることがわかる。一方、重俊の妻の右隣の宝篋印塔は「覚林院殿」、すなわち、三代藩主の重信の墓である。それでは三代藩主の重信の妻（井上正利の娘）の墓はといえば、重政の妻の墓のふたつ隣である。重政の妻と重信の妻の間には病気のために三代目の家督相続を見送られた重般の墓がひっそりと建っている。

重俊院にある森川家墓所（千葉市中央区）

その後、藩主夫婦などが亡くなるごとに葬地は拡大していき、森川家一族の墓が合わせて四九基に及んでいる。これらは昭和四十二年に千葉市指定文化財となった。重俊らの舟形の墓石は高さ二・八メートルを超すというから圧巻だ。

その他の森川家一族の墓所

森川家一族の墓所は重俊院だけではない。ここでは、重俊院以外の森川家の墓所について紹介してみよう。

各大名は国許に菩提寺をもつと同時に、江戸にも菩提を弔う寺院と関係を結んでいた。特に転封の多い譜代大名や近世になって新しく取り立てられた諸大名は江戸に菩提寺をもつことが多い。森川家の場合、重俊院があるものの、江戸で亡くなった子どもなどは江戸のあちこちの寺院に葬られたり、法要が行われたりした。

森川家と最も関係が深かった江戸の寺院は祐天寺《ゆうてんじ》であろう（正確にいえば、祐天寺がある目黒は「江戸」ではないが）。祐天寺は徳川将軍家の帰依《きえ》を受け、増上寺の住持を務めた祐天上人の廟所として建立された浄土宗寺院で、享保八年（一七二三）に祐天寺の寺号を与えられた。祐天上人は徳川将軍家の菩提寺である芝の増上寺第三六世住持であり、既述の生実郷の大巌寺や小石川の伝通院の住持も務め

森川家の墓が残る祐天寺（東京都目黒区）

ている。大規模な境内地に大伽藍が建てられていたが、明治二十七年（一八九四）の火災によって焼失してしまった。木造の祐天上人坐像は東京都の指定文化財になっている。

最初に祐天寺に葬られた森川家の人物は、若年寄を務めた四代藩主・俊胤の養女（寂照院殿真誉冷光大姉）であろう。彼女は五百石取旗本・戸田氏紀《うじのり》の娘だが、氏紀は俊胤の実弟であり、姪を養女にしたことになる。その後も多くの森川家近親者が祐天寺を菩提寺として用いており、現在では合葬墓が遺されている。俊胤の養女も含め大正十一年（一九二二）に撮影した墓石の写真が千葉県文書館に所蔵されている。

また、信濃町に下屋敷があったためであろうか、四谷の寺町には森川家一族を葬ったという寺院が点在している。ここでは文政年間に江戸幕府によって編纂された『御府内寺社備考』を参考にしながらそれらの寺院を検証し、葬られたといわれている森川家一族について触れたい。なお、『御府内寺社備考』は名著出版より刊行されており、詳細を知りたい読者はそちらを参照されたい。

現在の須賀《すが》町（現・東京都新宿区）にある曹洞宗蟠龍山永心寺《ばんりゅうざんえいしんじ》は、もともと麴町清水谷《しみずだに》（現・千代田区紀尾井町）の地にあり、寛永十一年（一六三四）、現在地に移転してきた。清水谷は、「贈右大臣大久保公哀悼碑」（紀尾井坂の変で暗殺された大久保利通に対する哀悼碑）が設置されている清水谷公園にその名を遺している。

開山は明巌舜洞大和尚、開基は福井藩の女中を務めたおいちゃ（長寿院安窓永心大姉）という女性である。永心寺には四代藩主・俊胤の娘である粂《くめ》（如雲了幻童女。元禄十年十月七日死去）、六代藩主・俊令の息子（名前不明。放顔玉光禅童子。享保十八年二月二十日死去）などが葬られていた。しかし、現在、墓石はもちろん、同寺の方もまったくその存在を知らないという。

新宿区愛住町《あいずみ》の浄土宗増光山浄運寺《じょううんじ》は元和五年（一六一九）に念誉上人龍把和尚が開いたといわれている。もともとは増上寺末寺であったが、『御府内寺社備考』編纂段階では京都の知恩院《ちおんいん》の末寺となっていた。浄運寺には二代藩主・重政の嫡男で、病弱のために廃嫡となった重般《しげかず》（自得院殿月嘯廓心大居士。享保二年十二月六日死去）とその末裔の墓所となっていた。重般は重俊院に埋葬されているが、浄運寺にも石碑があり、近世段階では法事も行われていたようである。現在は旗本の家の墓と思われる宝篋印塔や舟形の無縁仏が見られるものの、森川家の痕跡は確認できない。

山県大弐《やまがただいに》の墓で著名な新宿区舟町の曹洞宗雄峯山全勝寺《ぜんしょうじ》は天正六年（一五七八）に栄巌清繋《えいげんせいけい》和尚が開山したことにはじまる。当初は龍源寺と称していたが元和二年に牛込藁店《わらだな》（現・新宿区袋町）に土地を拝領し、同五年には藁店の境内地を召上げられたため、「朝倉家断絶屋敷跡」という場所に替地《かえち》を拝領した。現在地が「朝倉家断絶屋敷跡」であるものと思われる。この朝倉家とは越前国（現・福井県の一部）の戦国大名・朝倉氏の一族で、徳川家康に仕え、のちに駿河大納言忠長の家老に任じられた朝倉宣正《のぶまさ》の家のことだ。宣正の父である在重《ありしげ》が全勝という法名《ほうみょう》であったために、時の住持が因縁を感じ、全勝寺に改めたという由来が遺されている。なお、朝倉宣正は忠長の改易に連座してしまい、それが「朝倉家断絶屋敷跡」という地名に至ったものと考えられよう。江戸時代の地誌である『江戸砂子』によれば、当該地域には朝倉在重の下屋敷があり、そこに一字を建てたと記されている。全勝寺には四代藩主・俊胤の嫡男（聖林自覚禅童子。元禄六年六月十二日死去）が葬られたようだが、ここも現在は墓所として確認できない。

その他、初代藩主・重俊の長兄である氏信の末裔は二千二百石取の旗本であったが、氏信の末裔は武蔵国比企郡大谷村の宗悟寺と葬地とした。曹洞宗扇谷山宗悟寺は、埼玉県東松山市にあり、彼らの父である氏俊が家康より拝領した武蔵国比企郡の領地において宗悟寺を開いた。氏俊らの宝篋印塔が遺されており、「森川氏累代の墓」として東松山市指定文化財となっている。また、重俊の次兄・正次（四六〇俵余取旗本）は牛込恵光寺《うしごめえこうじ》、氏信の三男・之俊（六百石旗本）の末裔は牛込南蔵院《なんぞういん》、二代藩主・重政の息子で早世した人物は現在の港区愛宕《あたご》にある青松寺《せいしょうじ》に葬られた。

重政の早世した息子の墓がある青松寺

これも生実

大坪流馬術

戦国武将にとって、馬は大切な移動手段であり、戦闘でも大いに活躍した動物である。その馬術と馬に伴う戦闘方法にも流儀があり、流派が存在した。大坪流という馬術の流派もそのひとつであり、室町時代に成立したという由緒が伝えられている。大坪慶秀《よしひで》という人物が馬を使いこなすことに長《た》けていたので室町幕府に仕えたといわれており、その技を伝承したのが大坪流というわけだ。

もちろん、このような「伝統」的な家《か》職《しょく》の多くが眉唾的なもので、近世から近現代にかけて由緒化されたものであることは論を俟たないが、「伝統」を語ることができるからこそ、彼らが発給するライセンス（免状）には一定の意味があった。

森川家文書の中には大坪流馬術に関わる史料が遺されている。例えば慶応二年（一八六六）十二月に「大坪十一世之孫」を称する小此木宗左衛門が発給した森川俊方宛の「常馭《じょうぎょ》目録」などである。「常馭」とは日常的な馬の取り扱い方を述べたものだ。時に十二代藩主・俊方は十七歳である。

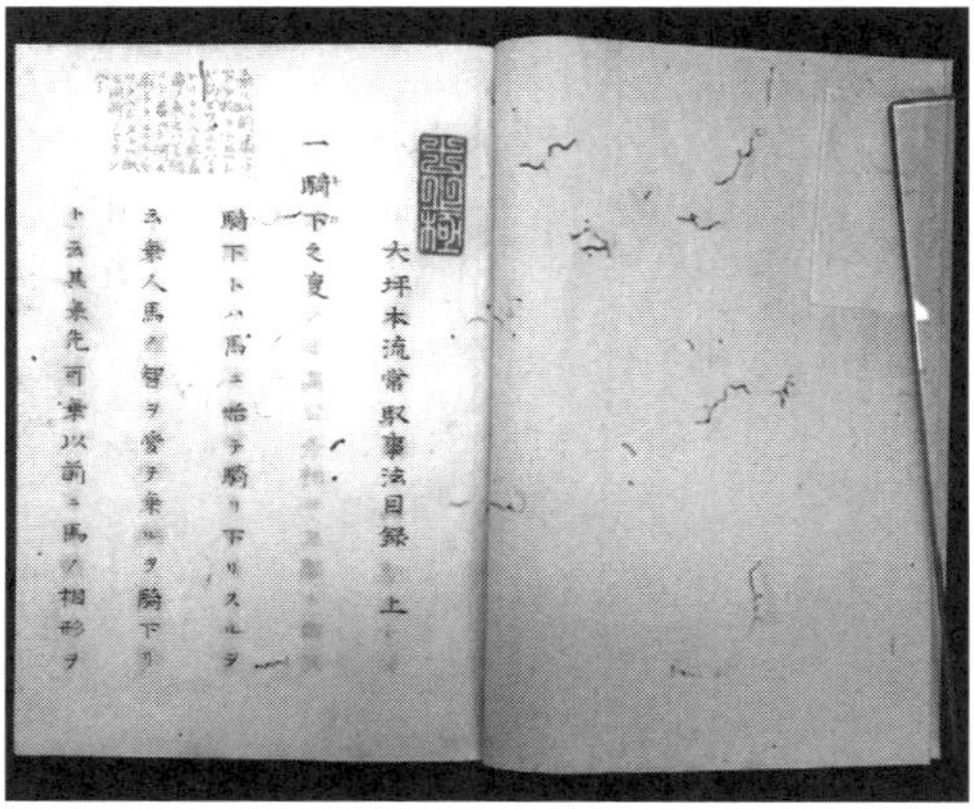

大坪本流常馭事目録上（千葉県文書館蔵）

この「常馭目録」は馬の乗り方の作法に関する免許である。例えば「常馭目録」の中の「騎下之事」「馭実之事」という箇条があるが実際の馬の乗り方・扱い方というよりは乗馬に関する名称の読み方や精神論に近い内容である。実践的な作法伝授の可能性も否定できないが、筆者がこれまで研究してきた「伝統」的な家職のライセンス伝授ではほとんど確認できないので、俊方の場合も「伝統」的馬術を実践として学んだわけではなかろう。

注目すべきなのはこの免許が出された慶応二年十二月という時期だ。十五代将軍に徳川慶喜が就任し、幕府の軍制改革を進めようとしている時期に若き藩主が馬術の技を取得しようとした点は重要である。すでに西洋式の武器や戦闘方法が各地で導入されつつあるとはいえ、槍一本で戦おうとする戦国武将の先祖・森川重俊に対する憧れがあったのではなかろうか。「時代遅れ」の一言で片づけるのは容易だが、俊方は俊方なりに先祖と同じような将軍家への奉公を目指したのであろう。

これも生実

森川俊胤の歌書「一之塵芥集」の世界

江戸時代の大名の嗜《たしな》みとして、漢詩・和歌は必須であった。文学・学問というよりはコミュニケーションと捉えてもいいであろう。

森川家の場合、二代藩主・重政による三十六歌仙の和歌、三代藩主・重信による『古今和歌集』『新古今和歌集』の抜書《ぬきがき》が遺されている。また、四代藩主である俊胤は隠居後の享保十九年（一七三四）に「一之塵芥集」という自身の歌集を作成している。「一之」とは俊胤の号であり、一之軒と称している。

森川家にとってはこのような歌書の類が重要な位置を占めていたものと思われる。森川家の「御朱印箱」の中には代々の将軍から領地宛行《あてがい》（領地所有権）のために発給された朱印状や先祖である森川重俊による遺書や書付、将軍から送られた書などとともに収められていた。「御朱印箱」に収められたものは大名家としての権利と代々の宝物を入れるものと位置づけられ、森川家にとって藩主の歌書がいかに重要であったかがわかる。

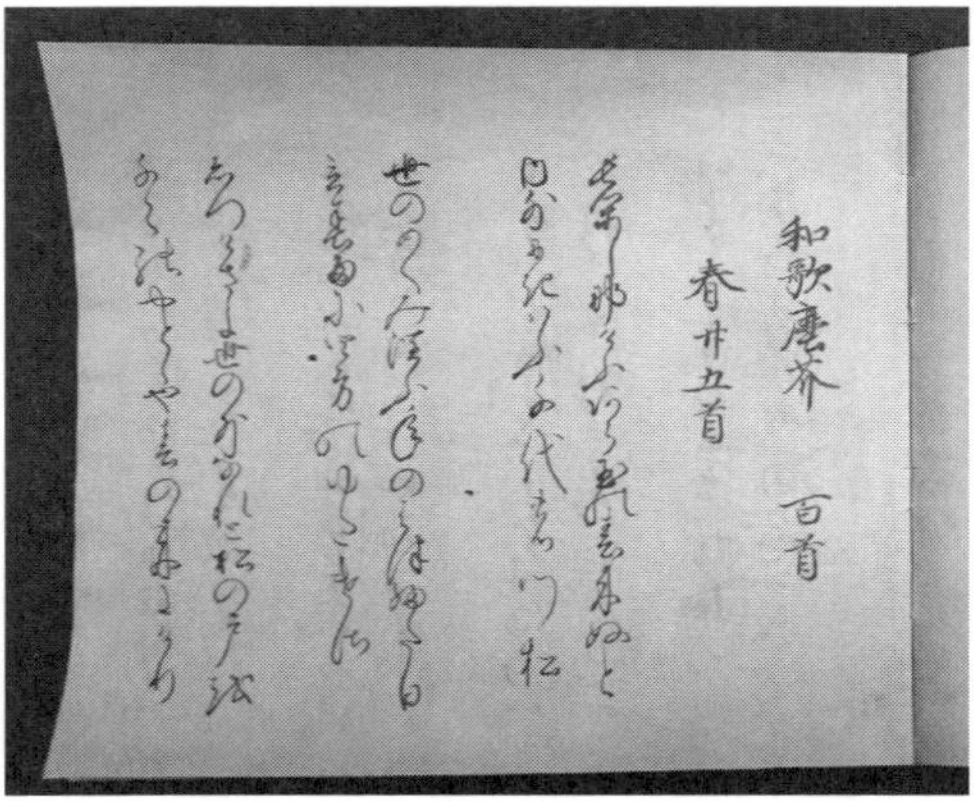

「一之塵芥集」（千葉県文書館蔵）

俊胤の歌を見てみよう。「一之塵芥集」の冒頭の一首は「春」と題された二五首のうちのひとつだが、次のような和歌である。

長閑かな　けふあら玉の　春来ぬと
内外にきはふ　千代の門松

奥書によれば、俊胤は新年の賑わいを目のあたりにして一〇〇首を詠もうとしたらしく、上手下手は判断しかねるが、めでたい雰囲気は伝わる一首である。この「一之塵芥集」には添状が付けられていた。これは享保十九年四月二十二日の五代藩主・俊常宛の俊胤書状で、「慰めに一覧してください」という内容だ。当時俊常は大坂加番として大坂におり、父親である俊胤が自身の和歌を自慢げに送ったものと推測されるが、事情は少し違うようだ。この頃、大坂加番の俊常は病の床にいた。隠居した身としては何もできないが、自身は元気であり、江戸は賑やかな日々だ、病中の息子に対して「一之塵芥集」を送ることで元気づける意味合いがあったのではなかろうか。

しかし、その年七月一日、俊常は父に先立って大坂の地で三十八歳の生涯を閉じた。

第四章 領内の人々・生活

生実藩に住んでいたのはどのような人々で、どのような生活をしていたか。

①
生実藩領の人々はどのような生活をしていたか

生実藩は実に多様な村々があった。
陣屋に近い村、海と隣接する村、陸上交通の拠点である村。
ここに住む住民たちの生業を見ることで生実藩の特徴を考えてみよう。

森川藩陣屋のあった北生実村

つぎに生実藩の「城下町」を見てみよう。ここでは既述の『千葉市史』から確認してみたい。現在では重俊院・陣屋跡・生実神社の前を幹線道路（県道66号）が走っているが、江戸時代段階、現在の幹線道路は必ずしも「城下町」の中心ではなく、やや南であり、その道は現在でも残されていて字名「町並」「町屋」という。この「城下町」＝陣屋付村である北生実村がどのようにして形成されたかは判然としないが、中世段階では近隣の南生実村・生実郷を合わせて生実地域として形成していた。

北生実村の規模を示す村高（村における石高。収穫高とも年貢高とも）を宝暦三年（一七五三）の年貢割付状（領主から村への年貢請求書）から確認してみると千二百

陣屋下の「町屋」の現在

五十六石余で、そのうち田方《たかた》八百三十石余、畑方《はたかた》四百二十六石余である。江戸時代の村の規模は地域によって差があるが、一村あたりの村高はおよそ四百〜七百石であり、北生実村は規模の大きな村といえよう。ただし、畑方のうち六十四石余が「荒万年々引」と記されているように、畑方のうち村の七分の一程度の土地が年貢免除となっている。この史料ではどの土地がどのような問題によって年貢を徴収されなかったかは不明だが、多くは災害を被《こうむ》った土地が、藩から年貢免除を認められたものである。

近世後期に北生実村では、村内の人びとで「きまりごと」を定めている。その「きまりごと」とは「村内取扱之事」と記されたもので、村役人たちから藩側へ提出された文書である。提出された背景などが不明なのが残念だが、「村内取扱之事」全一三箇条を見てみよう。ただし、内容が十分に記されていないので、補いながら記してみたい。

①火の用心はもちろん、風が強い時は村役人をはじめとして八名で見回るように。②バクチをしている者がいないか、村役人ほか五名で見回る。③藩の持ち物である「御林」へは入ってはいけない。④村人が所有している山を荒らしてはいけない。⑤幕府・藩公用の触《ふれ》は遅れることなく行なうように。⑥村々の入会山にみだりに入らない。⑦道普請・溝浚《さら》いを十分に行なうこと。⑧諸職人は手間賃を毎月八日に金一分取ること。⑨日雇賃銭を一日あたり男性は一二四文、女性は八

○文とする。この点について付言すれば、どのような仕事の差によって男女で支給額を分けたかは検討する必要があるが、詳細は不明である。⑩若者は夜中に出歩かないように。⑪綿打の値段は一〇〇匁《もんめ》（約三七五キログラム）の重さに対して銭三二文にするように。⑫地元の酒については米価が安いので一升あたり一一六文にする。⑬大豆の値段が安いので豆腐は一丁あたり四〇文にする。

以上のような「きまりごと」が定められた。詳しくはわからないが、豆腐の値段を設定している点から、豆腐の生産や豆腐の消費が北生実村にとって重要なことであったことがうかがえよう。

村人たちの生業

陣屋付村である北生実村の人びとの生業《なりわい》を見てみよう。『千葉市史』には、寛政十二年（一八〇〇）に作成された村明細帳が掲載されている。なお、村明細帳とは村が領主に提出した村勢調査で、土地の規模・寺社・林・生業・河川・渡船・用水・助郷《すけごう》・人口・牛馬数などが記されている村の状況を把握するための基本台帳である。毎年作成されるわけではなく、領主・役人が巡検する際などに作成された。この寛政十二年の村明細帳によれば、北生実村の家数は一七五軒、女性は四一七人、男性は三九四人であったが、「農業のほかには稼業をしていない」、

「農業の合間に薪割りなどの賃稼ぎをしている」と記されている。

しかし、江戸時代の農民は農業だけで生活しているわけではない。多くの人々は副業・兼業を行なっていた。所有している土地の多寡だけではその家の全収入は判然とせず、いわゆる「水呑百姓」と記載されている人物でも莫大な資産をもっている事例は多くの研究で明らかにされている。

左の表は天保十四年（一八四三）に作成された史料を用いて、北生実村の人びとの生業を一覧にしたものである。北生実村の全一九九軒のうち、専業農家および農間《のうかん》渡世《とせい》を行なっていた家は一六四軒である。その一六四軒のうち、専業農家

北生実村百姓農間渡世・職人

農間渡世	農業一統	97
	菓子類小売	16
	塩煎餅焼渡世	4
	豆腐屋渡世	4
	下質屋渡世	3
	煮売一膳飯渡世	2
	髪結渡世	2
	鋳掛・古鉄売買	2
	煮売渡世	2
	郷宿	2
	湯屋渡世	1
	酒升売・雑穀・質屋渡世	1
	酒升売・下質屋渡世	1
	酒升売・菓子打卸	1
	造醤油	1
	造醤油・雑穀・元質屋	1
	万荒物・〆油・元質屋	1
	元質屋渡世	1
	万荒物・下質屋渡世	1
	荒物・下質屋渡世	1
	荒物・足袋屋渡世	1
	雑穀売買・下質屋渡世	1
	〆油・足袋商売	1
	薬種売買渡世	1
	和薬売買渡世	1
	蕎麦・饂飩・しる粉渡世	1
	蕎麦饂飩粉・挽抜渡世	1
	鋳物師渡世	1
	槇炭売買・下質渡世	1
	槇炭売買渡世	1
	槇炭売買・酒造売買	1
	槇売買・菓子種卸	1
	紺屋渡世	1
	下駄・足駄・下質屋渡世	1
	魚油かつぎ小売	1
	漬物商売	1
	古着・古鉄・紙屑・古道具買	1
	万荒物・造酢渡世	1
	荒物・雑穀・下質屋渡世	1
	雑穀売買渡世	1
職人	木挽	7
	綿打	7
	家根屋	6
	糀屋	5
	大工	4
	油〆職	3
	建具屋	1
	畳屋	1
	桶屋	1

は九七軒であった。すなわち村人全員の四割以上が農間渡世、農業の合間に副業をもっていたことがうかがえよう。ここで北生実村の人びとの農間渡世のベスト3を見てみたい。同数第二位は「豆腐屋渡世」四軒。豆腐の原料である大豆は味噌・醤油の原料でもあり、江戸時代のあちこちの畑で栽培されていた。既述の北生実村「村内取扱之事」でも第一三箇条目に豆腐価格を取り決めており、重要な産業であったことがわかる。同じく第二位は「塩煎餅焼渡世」。この塩煎餅が米菓なのか、それとも別の作物（例えば小麦など）によるものかはわからないが、現在と同様お菓子として捉えてよいだろう。そして第一位は「菓子類小売」一六軒。北生実村内の農間渡世としては圧倒的な軒数であるが、これは生実藩士が居住し多くの寺社が置かれた陣屋付村という特徴なのではなかろうか。その他、農間渡世として様々な商いを行なっている家が見られ、現在の商店街のような雰囲気を感じさせてくれる。

　専業農家および農間渡世以外の三五軒は職人である。家の普請に関わる職人が多く見られるのとともに、木綿《もめん》を精製する綿打職人も七軒見られる。

　なお、領内の年貢米は塩田川《しおだがわ》（現在の浜野川）を利用して浜野湊の米蔵に運ばれたという。現在の日蓮宗本行寺《ほんぎょうじ》の周辺に生実藩の米蔵があった。本行寺といえば、既述の通り、室町時代に連歌師・宗長《そうちょう》が宿泊した寺で、長く当地域の拠点であったと位置づけられる。

物資の集積地・野田村

陣屋付村である北生実村とは別に、生実藩内の特徴的な村を紹介しよう。それは野田村（現・千葉市緑区誉田《ほんだ》町）である。野田村は大網《おおあみ》街道（土気《とけ》往還とも称する。曽我野《そがの》（現・千葉市中央区蘇我町）から外房の大網を結ぶ街道）が通る町場であり、現在のＪＲ外房線誉田駅の周辺である。そもそも誉田駅は大正三年（一九一四）まで野田駅という名称であったが、町名の由来にもなっている地元の鎮守・誉田八幡宮にちなんで改称され、現在では野田村の痕跡はほとんど遺されていない。

村としての野田村は、寛永八年（一六三一）に開発され、東金《とうがね》方面へ鷹狩をする将軍の通行のための継立場《つぎたてば》となった。近世後期の段階で村高百五十一石八斗余、近世村としてはあまり大きな規模ではないといえる。年貢は八十八石六斗余であったから、年貢率は五八パーセント程度であった。ただし、既述の通り、大網街道が通る町場であり、九十九里浜などの外房からの産物が流通する交通の要衝となっていった。当初は公用のみの利用であったが、十八世紀後半には野田村も荷物の付け替えを行なうための継立場となった。かつては上宿・中宿・下宿などの地名があり、現在でも千葉中央バスのバス停として上宿・下宿の名称が遺されており、往時を偲ばせる。

では、具体的にどのような荷物が流通していたのであろうか。ここでも『千葉市史』を見てみよう。例えば、寛政年間（一七八九～一八〇一）に八幡《やわた》村（現・市原市八幡）や村田村（現・千葉市中央区村田町）との間で取り交わした証文を見てみると、東金（現・東金市東金）・本納《ほんのう》（現・茂原市本納）・大網（現・大網白里市大網）の市場に塩を運び、帰りには村の日用品を調達した荷物が通っている。その他、村内での取り決めを見ると、鮮魚・干物が外房から運ばれているし、曽我野村との荷物輸送をめぐる争論史料によれば、東金から酒が運ばれている様相がうかがえる。

このような交通・流通の要衝であったため、多くの人々が出入りし、多くの利害がうごめくこととなる。そして、交通・流通の要衝ではいろいろな争論が発生することとなるが、野田村も様々な問題に巻き込まれてしまう。そのような争論のひとつが「付け通し」と称される輸送方法をめぐる争論である。江戸時代、荷物を運ぶ際には宿駅に着いたらそこで荷物を一度下ろし、今度はその宿駅の馬などに新たに荷物を運ばせるという制度であった。その荷物の輸送（荷物の積み替えなどを含む）が当該宿駅の人々の収入にも結びついていた。しかし、荷物を下ろして改めて別の馬などに乗せるには時間がかかったり、荷物の破損の恐れがあったりする。ましてや鮮魚だったら、運ぶまでに傷《いた》んでしまい、商品にならなくなってしまうことさえある。そのため荷主としては、各駅停車ではなく特急で運

皇太子・裕仁（後の昭和天皇）が立ち寄ったことを記念して建立した村田神社「皇太子殿下御野立所」碑

びたいというのが本音であろう。一方、宿駅からしたら荷物の上げ下ろしや運送などによって収入が得られるわけであり、勝手に特急にしてもらっては困る。そのような両者の事情によって各地で争論が起こっているが、野田村でもまさにそのような争論が頻発することとなってしまった。

それらを解決するためにどうしたか。先ほど確認した村田村の事例で見てみよう。村田村と野田村は寛政十年にひとつの取り決めを行なっている。この取り決めに際しては仲介人として浜野村（現・千葉市中央区浜野町）・椎名《しいな》上郷及び下郷（現・千葉市緑区椎名崎町）・南生実村（現・千葉市中央区南生実町）が名を連ねていた。この証文によれば、村田村と東金・本納・大網の市場との往復について、村内の三五名分が一年あたり金三分（小判と称される金一両の四分の三）を野田村へ収めて、野田村の付け通しを許可することが決定された。すなわち、村田村は金三分を支払って「特急」として野田村通過の権利を得たことになる。村田村の人びととしては金銭を支払ってでも「特急」として物資を運びたかったのであろう。

千葉県の食の名産品と生実藩献上品

千葉県の名産品といえば、即座に思いつくのが落花生であろう。落花生とは、別名南京豆《なんきんまめ》・トウジンマメ・イジンマメ・カントウマメとも称されるマメ科の一年草である。現在ではピーナッツの方がメジャーな名前であるものと思われる。原産地は南アメリカ大陸のアンデス山脈の山麓であり、紀元前の遺跡や墓から出土している（プレ・インカのひとつモチェ文化の遺跡など）。その後、いわゆる大航海時代に世界各地へと広がり、琉球国（現在の沖縄県）に入って来た。日本列島には中国大陸経由で宝永三年（一七〇六）に伝来したといわれている。しかし、江戸時代では栽培がされなかった。

日本において落花生の栽培がはじまるのは明治時代、神奈川県の寺坂慶次郎が栽培したのが契機である。千葉県内での栽培は明治九年（一八七六）に上総国武射郡草深村（現・山武市草深）の豪農・牧野萬右衛門が自宅で作り、その成功を受けて、周辺地域に配ったことによる。千葉県内における栽培は様々な困難や改良などを加えつつ、名産として確立し、明治二十二年には千葉県落花生商業組合を設立。牧野萬右衛門は組合長に就任した。

その後、落花生の作付面積は上昇の一途《いっと》を辿り、昭和四十年（一九六五）に六万六五〇〇ヘクタールに及んだが、輸入落花生の影響などによって徐々に国内での作付規模は小さくなり、平成二年（一九九〇）には一万八四〇〇ヘクタール、平成二十五年には六千九百余にまで減少している。その中でも千葉県産落花生が八割近い生産量であり、日本一の規模だ。現在、その千葉県において最も生産量の多い八街《やちまた》市の玄関口であるＪＲ八街駅前には、落花生のオブジェとともに、千昌夫の「星影のワルツ」で著名な詩人・白鳥省吾による「落花生讃」が設置されて市民のシンボルとなっている。

残念ながら、生実藩が存在していた当時、当然ながら落花生を食するには至らなかったであろう。その点、沿岸部で収穫された海苔は生実藩の人びとも目のあたりにした名産品のひとつといっても過言ではない。すでに海苔は古代から食されており、『常陸国風土記《ふどき》』『出雲国風土記』にもその記述が見える。律令体制のもとでの租税として、二九種類の海産物が挙げられているが、海苔も朝廷に納める租税のひとつだった。

江戸時代になると天然海苔だけではなく、養殖や海苔の加工などがはじまった。われわれが現在目にする板状の海苔は、江戸時代以降の加工技術によるものである。房総半島の海苔の養殖は、江戸四谷の海苔商・近江屋甚兵衛がはじめたことによる。明和三年（一七六六）に生まれた近江屋甚兵衛は文政四年（一八二一）に上総国人見村（現・君津市人見）で海苔養殖をはじめて、当初は失敗に終わったものの村人の協力もあってついに成功した。上総海苔の誕生である。現在、近江屋甚兵衛の墓は君津市内の青蓮寺にあり、千葉県指定史跡となっている。また、上総海苔の歴史や資料については君津市漁業資料館に展示されている。

落花生同様に千葉県内で生産一位の作物が存在する。和梨《わなし》（日本梨）だ。梨はバラ科の食物で、日本列島ではすでに弥生時代に食していた痕跡がうかがえる。

梨といえば鳥取県が著名であろう。県内の倉吉市には和梨の代名詞といっても過言ではない「二十世紀梨」の名前を冠した鳥取二十世紀梨記念館が設置されているほどだが、近年では千葉県の生産量が勝《まさ》っている。とはいっても、千葉県の梨の歴史は新しいものではない。千葉県果樹園芸組合連合会による『千葉県果樹のあゆみ』という昭和五十四年（一九七九）の書物をめくってみよう。

県内の梨は川上善六という人物が八幡地域（現・市川市）に美濃国大垣周辺のおいしい梨の枝と栽培技術を輸入したことにはじまる。十八世紀中ごろの話だ。この梨は江戸で多く消費され、八幡地域は梨の一大産地となっていった。既述の「二十世紀梨」という品種が著名であるが、これはもともと明治時代に県内東葛飾郡大橋村（現・松戸市大橋）の松戸覚之助という少年がゴミ捨て場から持ってきて、それを植えたところ、やがておいしい実をつけたことに端を発する。現在その地は「二十世紀が丘」と名前がつけられ、「二十世紀梨誕生の地」碑や「天然記念物二十世紀梨原樹」碑が設置されている。後者は昭和十年（一九三五）に天然記念物に指定されたことによるが、戦後枯れてしまっている。現在、松戸市立博物館には原樹の一部が保存されている。

江戸と生実を行き来した藩主や藩士は当然八幡地域を通る。食したかどうかは判断できないものの、第二章で述べたように、毎秋が参勤交代時期であったことを考えると、結実した梨の木を目のあたりにしたことは間違いないであろう。

ところで、江戸時代の大名は将軍家へ名産品の献上を行なっていた。季節ごとに献上する儀式を時献上と称した。もちろん、生実藩の場合も献上品はあり、これが江戸時代の当地域の産物と考えてよい。幕臣・大名の名鑑である『武鑑』には各大名の時献上が記されているが、生実藩の献上品は干鯛・寄居虫塩辛《やどかりのしおから》・牡蠣であった。干した鯛と牡蠣については内房の海で獲れたものであろうか。問題は寄居虫と記された物の塩辛である。寄居虫とはヤドカリのことであり、塩辛にして食することが多かったが、具体的な調理方法は判然としない。一方で、江戸時代の百科事典『和漢三才図会』によれば、キサゴの項目に「寄居蟲のごとし」と記されており、実際にはキサゴの塩辛であったものと思われる（『和漢三才図会』に寄居虫の記載があることについては木場貴俊氏の御教示による）。キサゴについては後述したい。

生実藩の祭り――浜野の諏訪神社

生実藩の玄関口ともいうべきJR浜野駅西口を降りて、北へ進み、茂原《もばら》街道を越えて、さらに北に進むと、諏訪神社の境内に入る。もともとは諏訪大明神と称していたが、明治維新後、諏訪神社に改められた。祭神は長野県の諏訪大社と同様に建御名方神《たけみなかたのかみ》である。『千葉県千葉郡誌』に基づいて、諏訪神社の歴史を概観

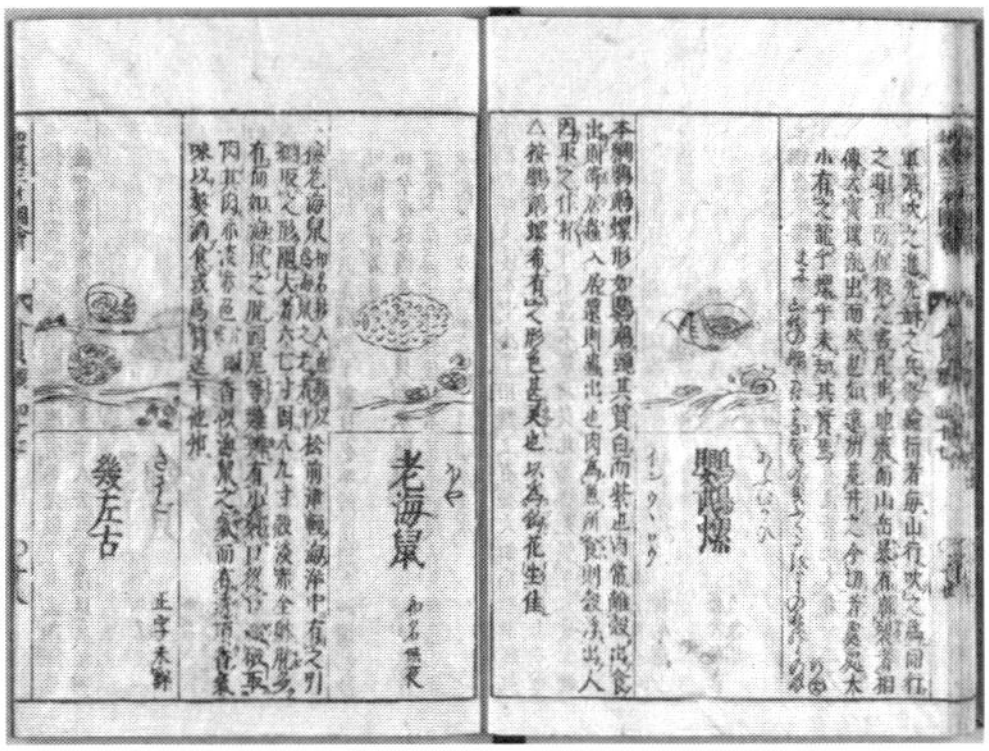

『和漢三才図会』に記されたキサゴ（国立国会図書館蔵）

してみたい。諏訪神社の創建年代は不明ながら、一説には天文年間（一五三二〜一五五五）に信濃国坂本城の村上周防守義清が所領である市原郡養老（現・市原市養老か）の地に向かう際、信濃国諏訪神社を勧請したといわれている。村上義清といえば、武田信玄《たけだしんげん》と何度も戦った信濃国の戦国大名として著名であろう。

市原市には、上総国惣社の戸隠《とがくし》神社（現・長野県長野市戸隠山に鎮座している戸隠神社から勧請したと目される神社）をはじめとして諏訪神社、村上氏が開基したと伝えられている曹洞宗永昌寺がある。市内にも村上の地名やその地を走る小湊鉄道の上総村上駅があることから、浜野の諏訪神社の由緒も納得できる内容であろう。

浜野の諏訪神社を参拝してみよう。表参道の入り口には柱のみで壊れてしまった鳥居が遺されている。現在、社殿正面に聳え立つ明神鳥居は饅頭部分（鳥居の台座）に「奉献」と朱文字で記し、そこをくぐると左側に力石が並んでいる。社殿は明治十六年（一八八三）に落雷によって拝殿・本殿ともに焼失し、その後再建されたものである。

さて、この諏訪神社の祭りは近世以来続いており、現在では昭和期に造られた荘厳な神輿が浜野の町を巡っているが、以前は山車《だし》であったようである。浜野町内会が作成しているホームページによれば、二〇一五年の祭礼（十月十一日）の場合、早朝の神社での神事のあと、親神輿が二二の町内会の高張提灯《たかはりぢょうちん》が立てら

諏訪神社に残る力石

現在の諏訪神社鳥居跡（千葉市中央区）

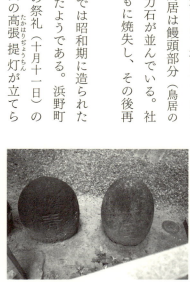

れる中、神輿は出発し、各町を巡行するようだ。親神輿以外にも子供神輿も出され、子どもたちによる獅子《しし》舞《まい》などが催された。神輿渡御《とぎょ》は夕方まで続き、午後五時半に宮入りした。まさに浜野の地は祭り一色であり、前日には宵祭りとして奉納演芸などで賑わいを見せている。

その他、南生実町の八釼神社の神楽、生実神社の神輿や湯立て神事など、地域にとって重要な祭礼が執り行なわれているので、ぜひ足を運んでいただきたい。

ところで、江戸時代の祭りにつきものだったのが、喧嘩である。各地の祭礼に関する古文書を読んでいても、「酒乱」「酒狂」で喧嘩が起こったとか、隣村の若者が神輿に乱暴して喧嘩になったなどの記述が実に多く見られる。『千葉市史』史料編には安永三年（一七七四）七月の次のような史料が掲載されている。南生実村の神事で、神輿が「磯出し」（神輿が海上へ渡御する儀式）のために北生実村を通過する際、両村の若者が喧嘩をし、双方に怪我人を出してしまった。喧嘩の原因は「磯出し」の際に南生実村の者が北生実村の田畑を踏み歩いたことに端を発したようだ。この一件は地元寺院（万徳寺・広照寺。もう一寺は「御寺様」と記されていることから重俊院と思われる）などの仲介によって、南生実村から詫び証文が提出されて一件落着した。

現在の諏訪神社（千葉市中央区）

②

草刈堰の灌漑用水

生実の地は台地を含んだ土地であり、稲作には必ずしも向いていない。この地の旱魃（かんばつ）に立ち向かおうとする動きがあった。それが当地の灌漑用水を設置した幕府代官・高室金兵衛である。

幕府代官・高室金兵衛、旱魃災害に立ち向かう

生実の地を歩いてみたらわかるかもしれないが、陣屋とその周辺の地域は台地である。既述の通り、古代には下総台地の斜面にたなびく背の高い麻が風に揺らされていた土地で、当然ながら台地や急斜面ではそこを流れる水がなければ水田はできない。もし仮に一定の水量を保つことができる河川があったとしても、それを維持・管理し、自分たちの水田へ水を供給する灌漑《かんがい》施設を建設することは容易ではなかった。

生実の地はしばしば旱魃《かんばつ》に見舞われていた。それを解消し、実り豊かな大地にしようとする試みが江戸時代初頭に起こった。それが草刈堰とそこから流れる用水の普請である。草刈堰の敷設に関しては井上準之助氏や渡辺孝雄氏による詳細

な研究があるので、それに依拠して詳述してみよう（『論集房総史研究』）。
旱魃が多発していた当該地域は十七世紀初頭に堰と用水の普請が行なわれた。この事業を推進したのは幕府代官・高室金兵衛と茂呂《もろ》村（現・千葉市緑区茂呂町）の鴇田《ときた》五郎左衛門であるといわれている。すなわち、まだ生実藩が成立する以前の話だ。

草刈堰とは、房総台地を水源として、現在の千葉市と市原市を分けている村田川が流れる草刈村（現・市原市草刈）で川の水を堰《せ》き止めて、西は八幡方面（現・市原市八幡）、北は生実方面へと灌漑用水を流すために敷設された堰である。八幡方面へ注いだ用水は二百十余町（東京ドーム四四・四個以上）分の土地、生実方面へ注いだ用水は三百余町（東京ドーム六三・五個以上）分の土地を水田として潤すことができた。

完成時期については諸説あるものの、最も有力な説は元和八年（一六二二）といわれている。この敷設に尽力したのが既述の幕府代官・高室金兵衛であり、生実の妙印《みょういん》寺境内（現在は廃寺）には彼を讃えた「高室金兵衛頌徳碑」が文政七年（一八二四）に建てられ、現在でも遺されている。ここで高室金兵衛について、馬場憲一氏の研究から見てみよう（「近世前期世襲代官の支配とその終焉―江戸幕府高室代官の事例を中心に―」）。

高室氏はもともと甲斐の武田氏の家臣であり、その滅亡後、徳川家康に仕える

妙印寺境内跡に立つ高室金兵衛頌徳碑

こととなった。高室金兵衛は二代将軍・秀忠に仕えるが、これは生実藩初代藩主の重俊と同じ時代を生きたことになる。諱は昌成《まさなり》といい、事績としては元和年間（一六一五〜一六二四）に武蔵国多摩地域の代官を務めたことが知られているものの、ほぼ同時期に上総国のみかんを幕府へ献上することにも関与していた。金兵衛の父・四郎左衛門は武蔵国多摩地域の八王子と青梅に陣屋を構えており、金兵衛も同じ地で職務を行なっていたが、それ以外にも北遠江や武蔵国高麗《こま》地方（現在の埼玉県日高市付近）も治めていた。代官としての力量のほどがうかがえよう。なお、金兵衛の長男も幕領代官に就任し、長男の死後、弟が継ぐが、元禄二年（一六八九）、不正の罪によって切腹し、断絶することとなった。

当該地域にとっては草刈堰と用水の意味は大きく、生実藩主は代官・高室金兵衛顕彰のため、「高室金兵衛頌徳碑」建立後は妙印寺へ香花《こうか》料を納めていたようである。もちろん、草刈堰と用水は領主による安定的な年貢確保を目的としたものである。

草刈堰の維持管理

川を堰き止めて取水・分水する堰はその維持が大変であった。水が流れるように管理する必要はあるし、災害などによって破損した場合には大規模な修復を行なわなくてはならない。用水路の落ち葉やゴミの浚いなども不可欠だ。草刈堰とその用水の維持・管理はどのように行っていたのであろうか。早い段階から堰請負人に任命された者が行なっていたようだが、詳細は判然としない。元禄十年（一六九七）には江戸霊岸島《れいがん》（現・東京都中央区新川）の白子屋伊右衛門《しらこやいえもん》という人物が一五〇俵を支給されることで堰普請を務めていたという記録も遺されている。

明和三年（一七六六）には、堰が大破してしまったために、上総国八幡村・菊間《きくま》村・上古市場《ふるいちば》村（以上、現・千葉県市原市）、下総国生実村・浜野村・村田村・下古市場村（以上、現・千葉市）の七カ村は堰が設置されている草刈村の太左衛門に一年三〇〇俵で三カ年の堰普請を請け負わせている。これらの村々が草刈堰からの用水を必要としていたことがうかがえよう。一俵は四斗入りであるから、草刈村の太左衛門へは年間百二十石、三年間で三百六十石という莫大な米が支払われたことになる。その後、天明四年（一七八四）には各村々が独自に行なう自普請に決定するが、堰用地の境が判然とせず、そのために村々では何度も争論や訴訟となってしまった。最終的には文化三年（一八〇六）に該当する絵図面が作成されるまで、三十年以上の長きにわたって、堰普請がこの地域の問題のタネとなっていた。

この堰普請のもめ事を解決したのが北生実村・篠崎弥兵衛《しのざきやへえ》である。篠崎弥兵衛は草刈堰の問題の解決に尽力したことが藩から認められて、割元名主に任じられ、年間五俵が与えられることとなった。割元名主とは、生実藩内の村々を管轄する名主であって、別の地域では大《おお》庄屋・大肝煎《きもいり》・惣代《そうだい》庄屋などと呼ばれており、地域の政治的・経済的中核に位置する家だ。篠崎弥兵衛は、同じく北生実村の篠崎三左衛門家と同様に、生実藩領の豪農といえよう。なお、妙印寺跡に現在でも遺されている「高室金兵衛頌徳碑」は、篠崎弥兵衛が割元名主に任じられた直後に建てたものであり、また、生実神社には「篠崎氏」が寄進した手水鉢がひっそりと遺されている。生実の中心地にある浄土宗大覚《だいかく》寺前の道を挟んだ東側には、五輪塔を中心とした立派な墓域が確認できる。

草刈堰の取水口である草刈村は生実藩外であるため、藩としては積極的な関与ができなかった（しなかった）。そのため、篠崎弥兵衛のような地域の有力者が関与せざるを得ず、当該地域における藩権力の弱さと評価できよう。現在、草刈堰周辺は自然が広がり、憩いの場となっている。

藩内の新田開発

草刈堰の設置や用水の整備は、生実藩内に水田耕作を充実させる契機となった。そこで藩内の新田開発の様相を見てみよう。新田開発には当然ながらいくつかの要件がある。何より重要なのは水田に引くための水の確保と安定的な供給である。

篠崎氏が寄進した生実神社の手水鉢

水害を誘発してもいけない。したがって水田開発には多くの時間・費用・労力が伴った。それだけではない。水田開発のために引かれ、それまで潤沢な水の供給によって行なわれていた耕地が枯れてしまうこともあり、無謀な新田開発によって各地で争論が起こった。

生実藩内で著名な新田開発といえば、『千葉市史』にも史料が掲載されている六通《ろくつう》新田と殿堀《とのぼり》新田であろう。

六通新田とは、現在の千葉市緑区おゆみ野の一角である。寛延三年（一七五〇）の村明細帳が遺されているため、それによって六通新田を概観してみよう。そもそも「六通」の名称は六方向へと向かう道路があったことに由来するらしく、近隣の村々の秣場《まぐさば》（人々が肥料・飼料のために利用する草を刈る地）であった。近世前期にこの地の新田開発を求めた周辺住民の意向を受けて、生実藩家老・京僧八郎左衛門が検分したところ、この地を新田とすることが認められた。延宝五年（一六七七）から開発のために家が建てられ、開発途上のため元禄三年（一六九〇）まで年貢を課されることはなかった。その後、年貢が賦課されると六通新田は屋敷地二反七畝《せ》一一歩《ぶ》（八二一坪）、下畑《げばた》九反五畝一四歩（二八六四坪）として、年貢は銭三五七文と決められた。その額は上昇していったようだ。この地に居住した家は寛延三年当時一一四軒であり、近隣の村々の人々が徐々に集住していったことがうかがえる。

なお、現在、六通新田はおゆみ野の住宅地に変貌しているが、新田開発時に創建されたという六通神社がその名残を残している。

他方、殿堀新田とは、開発直後はそもそも六通新田の一部として年貢が付加されていたが、その後、検地が行われ、殿堀新田として年貢割付状（領主が村に渡した年貢の請求書）が作成されている。六通新田と同様に寛延三年の村明細帳を見てみたい。「殿堀」の名称は「領主が掘った堀」から名づけられたようであり、秣場であった土地の開発が享保十二年（一七二七）に願い出されて、生実藩家老・氏家平馬が検分して、新田開発が認められた。この地に居住した家は寛延三年当時四軒であった。

両新田の軒数を見てわかるように、六通新田の人数が圧倒的に多い。また、いずれの新田も椎名上郷の名主が管轄した。なお、この時期は三代藩主・重信と四代藩主・俊胤が当主であった時期に該当する。重信と俊胤が領内で新田開発を奨励するような政策を打ち立てたとは思えず、まして生実藩内で新田開発が奨励された史料は確認できない、秣場のような共有地を開発することに対して訴訟に発展していないことから、地域住民が当該地の開発を積極的に進めていったものと考えられる。

③ 生実から遠く離れた生実藩領——飛地の人々

藩は城と城下町のまわりの村々を空間的に包摂した地域に思える。
しかし多くの藩には飛地が存在しており、その地の支配も不可欠であった。
生実藩の飛地は相模国にまで及んでいる。

飛地とは何か

例えば、「加賀百万石」という言葉があるように、加賀藩前田家の場合、金沢城を拠点とした周辺地域が領地であり、それは加賀・能登《のと》国に相当する現在の石川県全域であるというのが、一般的な認識であろう。しかし、加賀藩領はここだけではない。空間として地続きでないにも関わらず、加賀藩領である土地がある。近江国今津《いまつ》村はそのひとつである。現在の滋賀県高島市今津町今津だが、ここは若狭《わかさ》方面からの物資を運ぶ陸上・水上交通の拠点であり、戦国時代には軍事上重要な拠点であった。文禄四年（一五九五）に豊臣秀吉が前田利家の妻である芳春《ほうしゅん》院《いん》（ＮＨＫ大河ドラマ『利家とまつ』でも著名な前田利家の妻であるまつの法名）に御粧《おけわい》田《でん》（武家の女性に対して与えられた財産としての田畑）として下賜して以降、芳春院死後は加賀藩領として明治維新を迎えた。加賀藩にとっての今津村のような地を飛地《とびち》と称した。

飛地の顕著な事例として淀《よど》藩（現・京都府京都市伏見区淀本町）稲葉家の事例を見てみよう（『国史大辞典』）。淀藩の石高は十万二千石であったが、居城のある山城国はわずか二万石余であり、畿内の摂津国一万石余、河内国一万四千石余、和泉《いずみ》国四千石余、また隣国の近江国三万千石余、関東の上野国四千石余、下総国一万八千石余、常陸国千石余に分散されていた。このうち居城とその周辺村落を除いた領地が飛地である。譜代大名・旗本領の場合、このように国をまたぐ飛地の事例が多く見られた。

なお、現在でも飛地と称される土地を抱えている自治体は多い。山間部の字など抱えている自治体の事例は枚挙《まいきょ》にいとまない。例えば、平成の大合併によって平成十八年（二〇〇六）に岐阜県大垣市・上石津町・墨俣《すのまた》町が合併して新しい大垣市が誕生したが、それぞれの旧市町が隣接しておらず、別の自治体を通らなくては行けない状態になっている。

生実周辺以外の千葉県内の生実藩領

千葉県文書館蔵森川家文書の「郷村高辻帳」（享保二年〈一七一七〉）によれば、生実藩は一万石であり、そのうち陣屋周辺の領地は七千石である。すなわち、残り三千石は陣屋から離れた領地、飛地である。では、現在の千葉県域において陣屋周辺の村々以外の生実藩領を見てみよう。大きく分けて四つの地域である。

①下総国匝瑳《そうさ》郡内三カ村。現在の九十九里浜沿岸の匝瑳市・横芝光《よこしばひかり》町の地域であるが、三カ村は隣接しているわけではない。「郷村高辻帳」によれば、三カ村合わせて五百二十一石余である。

匝瑳市に属する西小笹《にしこざさ》村（現・匝瑳市西小笹）は旗本四家と生実藩との相給《あいきゅう》村である。相給村とは、ひとつの村に複数の領主がいる村のことである。九十九里浜の海岸平野部の地であり、近世中頃に生実藩領になったものと思われる。飛地の中では最も小さく村高三百五十七石余のうち四十七石が生実藩領であった。

横芝光町に属する惣領《そうりょう》村（現・山武郡横芝光町尾垂）は近世前期以来生実藩領であり、のちに幕領との相給になった。九十九里浜に面しているため漁業を営む者も多かった。村高四百二十石余のうち二百九十六石余が生実藩領。この惣領村は近代以降、行政区の変遷が大変多かった。明治九年（一八七六）に北側の尾垂《おだれ》村と合併し尾垂惣領村、明治二十二年には木戸村と合併して白浜《しらはま》村、昭和二十九年（一九五四）には近隣四カ村が合併して光《ひかり》町、平成十八年（二〇〇六）には横芝町と合併して横芝光町となった。近代以降、各時代の市町村合併の煽りを受けた地域であり、現在は地名にその名を留めていない。なお、平成の合併に伴って、山武《さんぶ》郡（明治三十年に山辺郡と武射郡が合併して成立）に変更となっている。

同じく横芝光町に属する小川台村（現・山武郡横芝光町小川台）は、六世紀の古墳が数多く見られ（小川台古墳）、中世城郭の岩室砦《とりで》跡が遺る北総《ほくそう》台地の南西部の地である。元禄十一年（一六九八）に拝領して、旗本一家との相給となり、村高四百五十六石余のうち百七十七石余が生実藩領。惣領村と同じく、町村合併によって、南条村↓光村↓横芝光町と変遷している。

②下総国海上郡網戸《あみと》村。現在の旭市網戸に該当する。元禄十一年に拝領した村で、幕領と旗本一家との相給である。江戸時代中期以降には九十九里浜と銚子《ちょうし》・利根《とね》川の河岸を結ぶ物資輸送の拠点として、発展していった。九十九里浜が近いことから干鰯《ほしか》生産も行なわれた地である。村高三百二十一石余のうち百十八石余が生実藩領であった。

③上総国武射郡屋形村。現在の横芝光町屋形に該当する。下総国・上総国と、国こそ違うが、惣領村・小川台村と同じ現在では横芝光町だ。九十九里浜でも最も観光客の多い地域のひとつである「屋形海水浴場」にその名を留めている。寛永四年（一六二七）より生実藩領であるといわれていることから、初台藩主・重俊が一万石大名となった時に拝領した村のひとつである。

④上総国長柄郡長谷村。現在の茂原市長谷に該当する。現在の茂原市中心部に隣接しているが、①〜③の飛地からは遠く離れた地域だ。屋形村同様に寛永四年

より生実藩領である。承応三年（一六五四）に生実藩の検地によって村高五百八十三石余と定められたが、村民の嘆願によってもとの四百二十五石余に戻された。検地の背景としては二代藩主・重政が大坂加番を務めていたことによって藩財政が悪化したことによるものと思われる。

相模国の生実藩領

生実藩の飛地は千葉県域を越えて神奈川県に及んでいる。ここでは神奈川県内の生実藩の飛地のふたつの地域を見ておこう。

①相模国大住郡内三カ村。大住郡は現在の伊勢原《いせはら》市・秦野《はだの》市・厚木《あつぎ》市・平塚《ひらつか》市付近が該当するが、そのうち生実藩領は秦野市域の名古木《ながぬき》・落合・尾尻《おじり》村である。江戸時代前半には近隣の堀山下村も生実藩領であったが、のちに加賀藩領となった。この付近の江戸時代の最大の事件といえば、宝永四年（一七〇七）十一月二十三日の富士山噴火であろう。富士山の噴火によって、山麓の村々はもちろん、遠く江戸の町まで降灰したように、多くの土地へ軽石・灰が降り注ぎ、住居・田畑・河川に大きな被害をもたらせた。この地の生実藩領も例外ではなく、農作物への被害のため困窮に陥り、東海道の宿場への助郷（宿場へ人馬を供給する制度）が免除されることとなった。

②相模国鎌倉郡笠間村。現在の横浜市栄区笠間に該当する。大船《おおふな》観音で有名なＪＲ・湘南モノレールで知られている大船駅の「笠間口」にもその名を遺している（なお、大船駅は鎌倉市である。駅長室の位置が鎌倉市であるためだ）。村高は七百九十一石で、明治維新まで一村が生実藩領であった。ちなみに、縄文時代の笠間遺跡があり、早い段階から人が定住していた。

　ところでこのような飛地は明治維新後どのように扱われたか。大政奉還と戊辰戦争を迎えても、生実藩領は生実藩領のままであった。それどころか森川家による支配の終焉を迎えた明治四年（一八七一）の廃藩置県を経ても、生実から遠く離れた相模国の飛地も「生実県」となった。これらは徐々に解消されていくが、名古木・落合村の場合、生実県から足柄県（現在の神奈川県西部と伊豆半島）となり、明治九年の足柄県消滅とともに、神奈川県へ編入された。生実藩飛地の人々も混乱の渦中にあったに違いない。

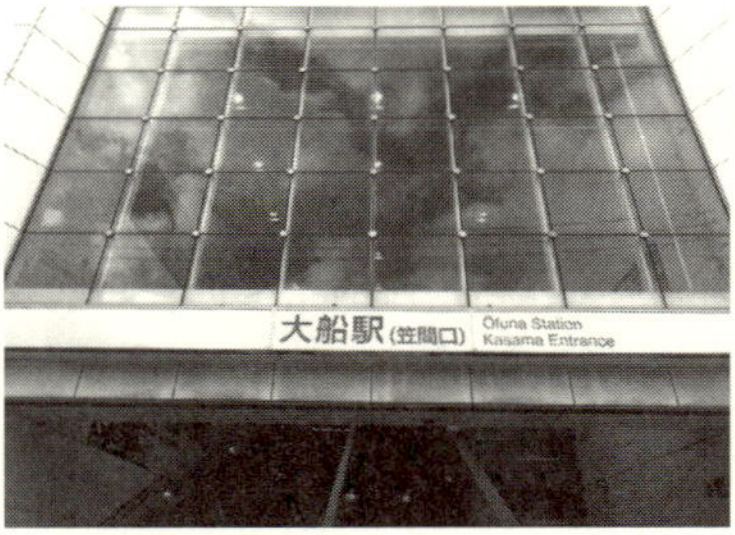

大船駅「笠間口」

④ 浜野浦・八幡浦のキサゴ

江戸時代の肥料として重要視されていた貝の一種であるキサゴ。このキサゴをめぐって生実藩の村々は大規模な争論に至る。そして武力行使や刃傷事件にまで及んでしまう。

キサゴとは何か

生実藩は江戸湾に面した村々も領している。藩内の漁業において、時に村同士の対立を招いたキサゴについて触れてみたい。近代に編纂された百科事典『古事類苑』動物部を繙いてみよう。

キサゴとはニシキウズガイ科に属する巻貝である。漢字では「細螺」「錦砂子」「生砂子」、あるいは虫扁に玉と書き、別名「シタダミ」とも称して、それらは「螺子」「海細螺」「小蠃子」と記した。地域によっては、イシャラガイ・ゴナガラ・コブラとも呼ばれている。由来は不明ながら、上総国長柄《ながら》郡（現・千葉県茂原市などの地域）の幼女は「つつなご」と称していたらしい。

古くから朝廷への租税や献上品にその名が見え、大嘗祭《だいじょうさい》の献上品として阿波《あわ》国（現在の徳島県）のキサゴが記されている。また、『播磨国《はりまのくに》風土記』によれば、小宅里《おやけのさと》（現在の兵庫県龍野市付近）には細螺川《しただみがわ》という川が流れており、これはキサゴが多く獲れたことに由来するそうである。

千葉県内のキサゴについては『千葉県の自然誌　千葉県の動物2』に詳しい。例えば、船橋市から習志野市におよぶ地域の干潟である三番瀬《さんばんせ》（江戸時代では幕府への献上品を採取する「御菜浦《おさいうら》」はこの地である）にはイボキサゴの殻が確認されることから、以前は生息していたものと評価されている。外房の鹿島灘《かしまなだ》以南、九十九里浜などではダンベイキサゴが生息している。イボキサゴは内湾、ダンベイキサゴは外洋の砂浜に生息するという特徴がある。その他、イボキサゴ同様に内湾に生息するタイワンキサゴも存在する。

生実付近の内房でも古くから採取されたようで、例えば有吉村《ありよし》山王社《さんのう》（明治時代以降は日枝《ひえ》神社と改称。現・千葉市緑区おゆみ野中央）近くの有吉南貝塚からも出土している。

キサゴの利用法

ではキサゴはどのように用いられたのであろうか。『千葉県の歴史　通史編』によれば、田植え直前の田んぼへそのまま投入して肥料に用いたようである。江戸時代に肥料として多く用いられた干鰯と同じような利用方法である。食用にはあまり向いていないようだが、光沢があって綺麗であることから女児の玩具に用いられたともいわれている。ただし、ダンベイキサゴについて、現在「ナガラミ」の名称で食する地域もあるという。

江戸時代には重要な肥料であったことから、誰でも採取して良いわけではなかった。『船橋市史』には将軍献上の御菜浦としてその名を知られていた船橋浦の事例が記されている。船橋浦の場合、代官所からキサゴ掻き解禁の日取りが触れ出されて、四月初旬のわずか三日間、開放されたようだ。房総地域の潮干狩りといえば現在では春先の風物詩だが、江戸時代は肥料獲得のための重要な農作業だったのであろう。

したがって、時にはその利害をめぐって大きな争論に発展した。船橋浦のキサゴ掻きは明和四年（一七六七）に明確な取り決めが作られた。しかし、取り決めができても年を経《へ》るごとに弛緩《しかん》してしまい、たびたび争論が起こった。そこで安政三年（一八五六）四月には「議定《ぎじょう》」が作成され、船橋浦でキサゴ掻きを行なう村々の取り決めがなされた。その取り決めとは以下の三点である。①キサゴ掻きの際は村々で相談した上で役所へ届け出て解禁日を決め、解禁日には干潮《かんちょう》時にみんなで干潟へ行き、仲良く行なうこと。②キサゴ掻きは夜に行なったり、舟を出して行なったりはしないこと。③ほかの貝類が多く生息している場合は村々に通達して村役人・漁師惣代が試しに掻いてみて、ほかの貝類が多かったらお互いに場所を検討し合うこと、と決められた。

また、県内の別の事例は、「キサゴ札《ふだ》」と称された鑑札《かんさつ》を所持している者のみがキサゴ掻きを行なえた。この「キサゴ札」の分与にあたっては金三朱《しゅ》（金一両の一六分の三）もかかったようである。なお、現在の袖ケ浦《そでがうら》市内の三カ村では年間一万樽のキサゴを採取して、出荷したようである。一樽が一斗分であることから一千石（一升瓶にして一〇万本）におよぶ量であった。

キサゴ掻きをめぐる争い

キサゴは生実藩領の海側地域でも採取できた。そしてそれは人々の重要な肥料であり、収入源であり、何より争論の対象であった。ここでは文政六年（一八二三）から翌七年にかけての事件を見てみよう。これらの史料については『千葉市史　史料編3』に掲載されているので、そこから検証してみたい。なお、当該期の生実藩主は、江戸幕府若年寄を務めた八代藩主・森川俊知である。

生実藩領の北生実・南生実・村田・浜野村（現在の千葉市中央区・緑区に該当する地域）は浜野浦でのキサゴ掻きを行なっていた。現在では埋立地となってしまって江戸時代の景観は見ることができないが、当時の浜野浦はキサゴ掻きができる

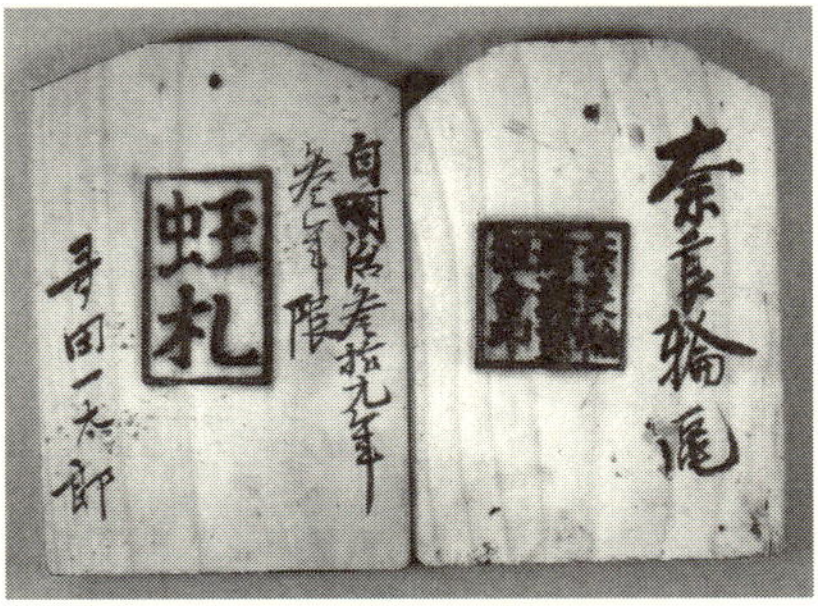

明治時代のキサゴ札。江戸時代も同じようなものであったのではないかと思われる。
（袖ケ浦市郷土博物館蔵）

ような干潟であったのである。既述の通り、キサゴは肥料として利用することが多く、元禄年間（一六八八〜一七〇四）には早くも争論が発生していた。

文政六年四月、浜野村と上総国市原郡八幡村（現・千葉県市原市八幡）のキサゴ船が浜野浦まで「さいみ」と称する漁具を設置して、キサゴ掻きをしていたところ、北生実村の者に見咎められた。この地域は北生実・南生実・村田・浜野村の「入会之浦（共同の漁業地）」であり、八幡村はそれに含まれていなかったが、村田川を挟んだ隣村である村田・浜野村は八幡村の出漁を認めていたようだ。なお、八幡村は生実藩領ではなく、旗本の相給村であった。結局、この一件は村田・浜野村が北生実村に詫書《わびしょ》を提出したことで落着するかに見えた。

しかし、村田・浜野村が謝罪したにも関わらず、既得権を主張したい八幡村は黙っていなかった。複数のキサゴ船で「入会之浦（共同の漁業地）」に入り込み、漁を行ないはじめた。これに対して北生実・村田・浜野村は八幡村へクレームを付け、八幡村のキサゴ船三艘と護衛船一艘を拿捕した。怒った八幡村は数十艘のキサゴ船に棒・竹槍を詰め込み、手に明かりを持った多くの人足を従えて、さながら合戦のように鬨《とき》の声を上げて（史料には「鯨波之声《げいは》」とある）、キサゴ掻きを行なったようだ。

この争論は領主が異なる地域同士であったため、北生実・村田・浜野村は幕府へ訴え出た。幕府によって検使が派遣され、漁場が定められることとなった。こ

現在の浜野湊

のような大きな争論は各地で起こっており、訴訟の勝ち負けと同時に訴訟における様々な費用負担が村の人々に重く圧《お》し掛かった。

その検分も終わろうとしたところ、八幡村の六・七〇人が「打ち殺してやる」と叫びながら北生実・村田・浜野村の村役人を追いかけて来た。驚いた三カ村の人々は逃げたものの、村田村名主・庄八が打擲《ちょうちゃく》されて、頭から足まで何カ所も腫れ上がるような重傷を負ってしまった。

たかが小さな巻貝だが、村と村との争いになり、幕府の裁定を仰ぐまでに及び、時には武力行使・傷害事件へと発展していった。この事件から二百年ほど、現在はそのキサゴを巡って争うこともなくなった。そもそもキサゴがいなくなっており、浜野浦をはじめとした内房沿岸の景色は大きく変わった。もはや「鯨波」と呼ばれるような声を上げて、キサゴを採るために命がけでやってくる人もいなくなってしまった。

これも生実

郁文館の漢詩会

藩校である郁文館に関する史料はほとんど遺されておらず、漢文を中心に学ぶ場であったこと以外、具体的な教育内容については判然としない。

ただし、森川家文書の中には月に一度、漢詩の会が催されていた史料がある。それらの史料を繙いてみよう。

例えば「初秋館中月次《しょしゅうかんちゅうつきなみの》詞《し》」という史料には、高橋信・早川琦・西村乗・羅氏政・松山基・安藤省・村井道・鴇田慶・小幡秀・増井惟・氏家貢・小幡柳という一二名と名前が記されていない漢詩が掲載されている。

ここに登場した人物は基本的に「苗字＋一文字の名前」で記されているが、この一文字の名前は字《あざな》というもので、江戸時代の文化人は漢詩を書く際などに用いた。そしてこの時の漢詩の会では「七夕」と「秋日漁家」のふたつのテーマ（題）であった。

ところで「初秋館中月次詞」には名前が記されていない漢詩がそれぞれの題の冒頭に記されている。おそらく森川家当主による作品であろう。

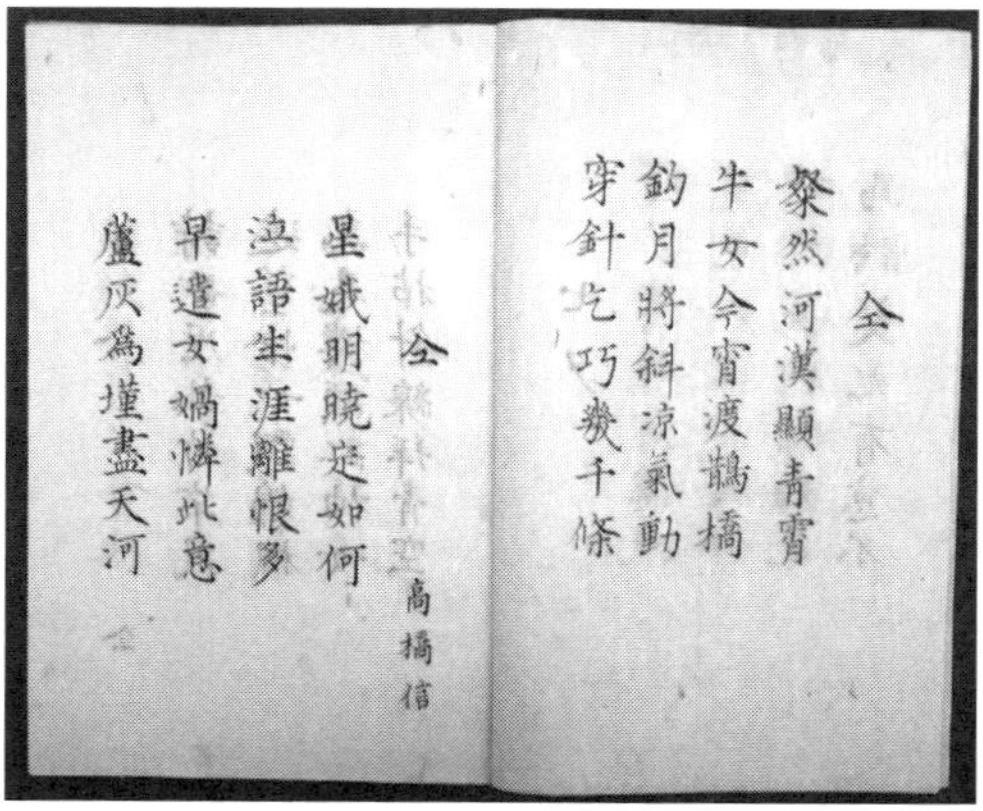

「館中月次詩　初秋」（千葉県文書館蔵）

残念ながらこの書に年代が記されていないために誰の作品かは不明だが、近世後期から幕末期の当主であろう。その人物が記した「七夕」の一首を紹介しよう。

燦然河漢顕青霄（燦然河漢青霄を顕す）
牛女今宵渡鵲橋（牛女今宵鵲橋を渡る）
釣月将斜涼気動（釣月将斜めにして涼気を動かす）
穿針乞巧幾千條（針で穿つ乞巧幾千條）

七言絶句であり、七夕の夜空の光景と彦星・織姫の再会を詠んだものである。幕末から明治維新期の藩校では西洋の諸学を学ぶことが多かったが、生実藩では藩主をはじめとして漢詩をしっかり学んでいたようだ。これを時代遅れと評価することも可能であるが、むしろ同時代の「教養」「常識」としては必須であり、この点は評価されるべきであろう。

なお、森川家文書には「初秋館中月次詞」以外にも仲夏（旧暦の五月）と晩夏（旧暦の六月）分の「館中月次詞」が遺されている。

これも生実

近代生実藩を支配した印旛県と印旛県令

明治四年（一八七一）七月の廃藩置県によって江戸時代以来の生実藩（当時は生実県）による統治が完全に消滅した。生実県は同年十一月十三日に佐倉、古河《こが》、関宿《せきじゅく》、結城《ゆうき》、曽我野、葛飾各県と統合されて印旛県が成立した。そして、印旛県と木更津県が明治六年六月に合併して千葉県が成立し、明治八年に新治県（香取・匝瑳・海上郡）が千葉県に編入され、現在の千葉県という行政区画が成立した。

生実藩を含めて成立した印旛県はわずか一年半の行政区分であったが、この間にふたりの県令が任じられた（当時の県のトップは選挙ではなく任命である）。河瀬秀治と柴原和《しばはらやわら》である。

河瀬秀治は宮津藩（現・京都府宮津市）の家老であった。宮津藩は戊辰戦争では旧幕府側と目されたが、これらの問題をスムーズに解決したのが河瀬秀治であった。その才能を認められた河瀬は武蔵知県事・小菅県権知事といった戊辰戦争の傷が癒えない関東の「知事」に任命された後、印旛県令に任じられた。彼の政策としては輸出のための県内日本茶の生産拡大が挙げられるが、一年数カ月で熊谷県令へと転じてしまう。彼は農業・商業・工業などさまざまな分野に長けていたものと思われ、熊谷県令時代に北関東における製糸工場や学校の設置を進めた。その後も茶業・製紙業（富士製紙初代社長）などに関わり、近代日本の産業の礎を築いた。

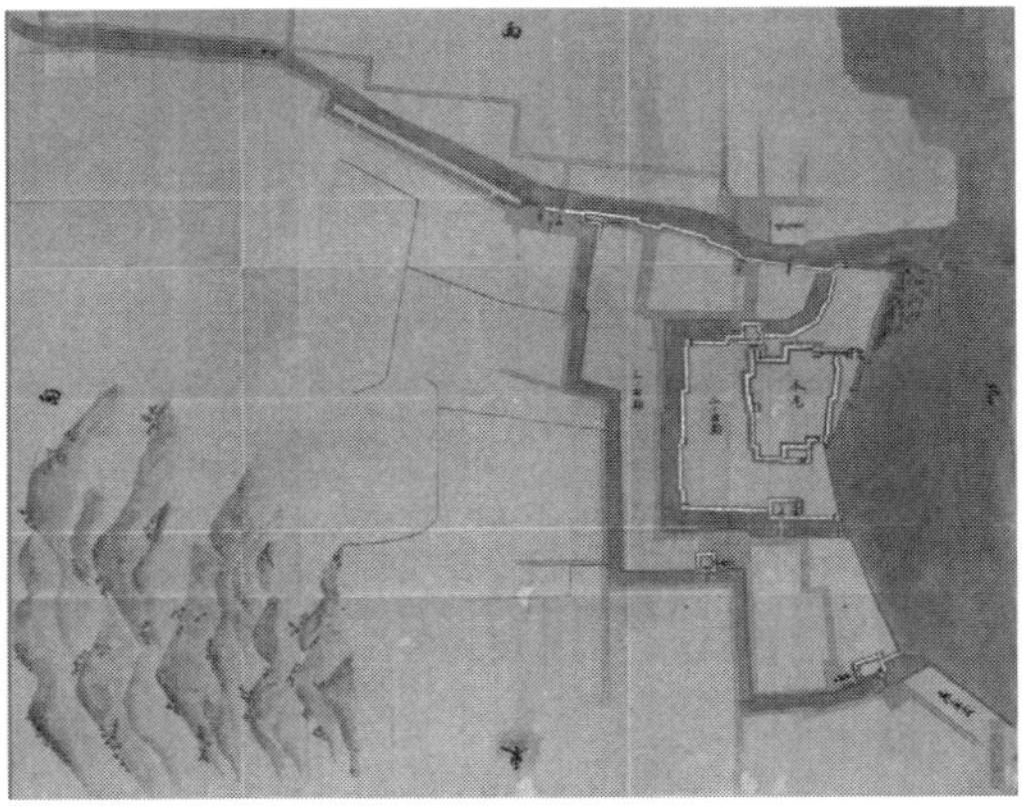

河瀬が家老を務めていた宮津藩の宮津城を描いた絵図「日本古城絵図丹後国宮津城図」（国立国会図書館蔵）

柴原和は龍野《たつの》藩（現・兵庫県たつの市）の藩士で、明治維新期に甲府県大参事に抜擢されたのをはじめ河瀬同様に関東における県のトップを務めた。その後、柴原は河瀬の後任として印旛県令に就任し（正確には印旛権県令。木更津権県令兼任）、そのまま千葉県令となった。柴原の政策の中で特に重要なのが育児に関する政策であろう。育児支援や貧民の育児救済と考えられる政策であり、その後の各地域の模範となった考えである。その後、山形・香川県知事を務め、県令をもじって「賢令」とまで称された。

第五章 生実藩政の動向と幕末・明治維新

ドラマに取り上げられることがない藩から幕末・明治維新を考える。

① 飢饉を乗り越える

歴史上最大規模の飢饉である天保の飢饉。単なる自然災害に伴う飢饉ではなく、権力の愚策による飢饉であった。生実藩の人々はこのような状況にどのように立ち向かったのか。

八代藩主・俊知

近世後期の藩主として重要な人物が八代藩主の俊知《としとも》である。最初に俊知の略歴を確認してみよう。主に用いる資料は千葉県文書館蔵の森川家の家譜と東京大学史料編纂所蔵の「森川家譜」である。

安永八年（一七七九）、森川俊輝《としてる》の長男として俊知は誕生した。幼名は源之丞《げんのじょう》、初名を俊敏《としまさ》といった。俊輝は六代藩主・俊令の二男であり、旗本・森川俊顕《としあき》の婿養子となった人物である。森川俊顕とは、初代藩主・重俊の三男である重頼が取り立てられたことにはじまる旗本の家で、小納戸頭取や槍奉行などの職を務めた。息子が俊顕に先立ってしまったため、俊輝が養子入りした。

七代藩主・俊孝には俊盛《としもり》という息子がいたものの、俊孝の死去直前に亡くなっ

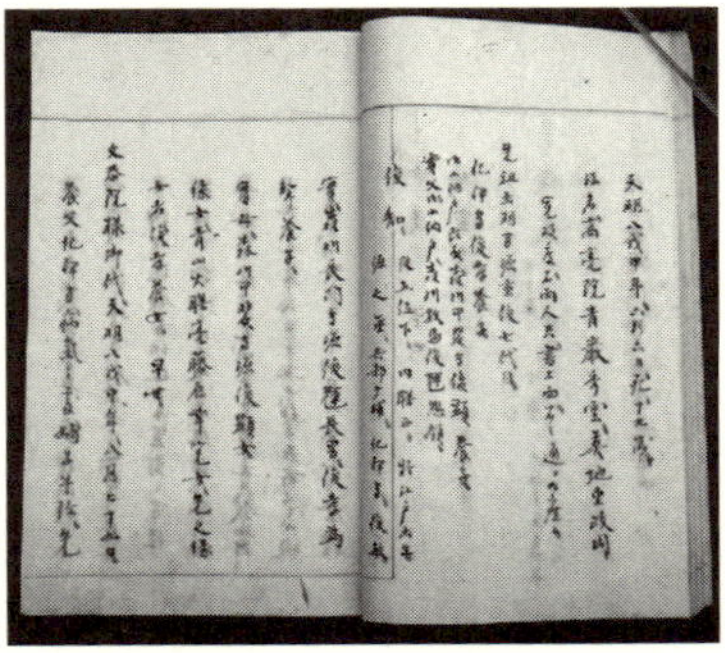

系譜
（千葉県文書館蔵）

てしまったため、天明八年（一七八八）八月にわずか十歳で俊知が藩主に就任した。なお、当時の俊知は幼かったため、藩主の拝命は一族の播磨国三草《みくさ》藩（一万石。現・兵庫県加東市上三草）の藩主である丹羽氏福《にわうじよし》が務めたという。

寛政八年（一七九六）十一月、十八歳になったため、将軍・家斉《いえなり》に初めての御目見をし、同年十二月に従五位下兵部少輔《ひょうぶのしょうゆう》に叙任した（のちに紀伊《きい》守に改める）。翌年八月、初めて生実の地に足を踏み入れた。文化三年（一八〇六）大番頭就任、同十三年には奏者番となっている。文政五年（一八二二）八月に西丸若年寄に就任した。当時、江戸城西丸には将軍の継嗣である家慶《いえよし》が住していた。そして、家慶が将軍に就任した後、俊知は西丸若年寄から本丸若年寄を務めることとなった。

俊知の事績として、ふたつの重要な将軍家の「慶事御用」を務めたことが挙げられよう。ひとつは天保八年（一八三七）の家慶の五男・初之丞《はつのじょう》（のちの慶昌《よしまさ》）の一橋家への養子相続担当、もうひとつは翌天保九年の家斉の末娘（二七女ともいわれている）である泰姫《やすひめ》の鳥取藩主・池田斉訓《なりみち》との婚姻担当である。将軍の子女の養子や婚姻の場合、幕府・藩ともに大変重要な問題であった。場合によっては関係ない藩も巻き込んだ政治問題に発展しかねない恐れもあるし、様々な儀礼の執行も不可欠であった。特に十一代将軍・家斉の場合、子女が多く、その子どもたちの「行き先」が大きな問題になっていたことは想像に難くない。初之丞養子入りの後、俊知は褒美を頂戴していることから、滞りなく遂行したのであろう。

なお、初之丞は翌年、十四歳で亡くなってしまう。この初之丞に仕えていたのが勝麟太郎《りんたろう》、のちの勝海舟《かいしゅう》であった。

さて、将軍・家斉の娘である泰姫の婚姻という「慶事御用」を進めている最中《さなか》、天保九年八月七日に体調不良を理由に若年寄の辞職を願い出ている。その願いは俊知が有能であったためであろう、辞職は許されず、家斉・家慶、そして将軍後継者の家定《いえさだ》から病状見舞いの書状が出されている。なお、その書状を書いたのは天保の改革で有名な老中・水野忠邦《みずのただくに》であった。

しかし、「慶事御用」半ばの八月九日に、俊知は六十一歳で死去した。死の直前に養子・俊民《としたみ》（肥前国島原藩主松平忠憑《ただより》の八男。母は俊知の長女）への相続を願い出ている。願いは認められ、俊民が生実藩第九代藩主となった。

この頃、生実の地はもちろん、全国でも大変な事態になっていた。それが天保の飢饉である。

全国に飢饉が起こる——天保の飢饉

江戸時代、局地的な飢饉は枚挙に遑《いとま》なく、全国的で大規模な飢饉としては寛永・元禄・享保・宝暦・天明・天保年間に起こっている。もちろん、それらは天候不順や災害を伴う凶作によることもあるが、幕府・藩の愚策によって領内外の民衆が飢えてしまうような人災も多く見受けられた。

ここでは天保の飢饉について見てみよう。天保の飢饉とは、天保年間（一八三〇～一八四四）の中でも、とりわけ一八三〇年代に起きた飢饉の総称で、天保四年・七年・九年に大凶作が起きた。歴史人口学の分野から天保の飢饉に迫った浜野潔氏の研究によれば、天保五年から十一年までの全国の人口変動率はマイナス四パーセントであり、これはこの直前がマイナス〇・四パーセントであったことと比較して大幅な減少であることがわかる。さらに、東北地方に限った場合、実にマイナス一〇パーセントにまで及んでおり、被害の激しさがうかがえよう（浜野潔「気象変動の歴史人口学――天保の死亡危機をめぐって」）。

近世飢饉史研究の第一人者である菊池勇夫氏の研究に基づいて、飢饉になるとどのような状態になるのか、天保の飢饉における仙台藩の事例を見てみよう（菊池勇夫「飢饉死のリアリティー――仙台藩天保七・八年の飢饉の場合」）。

仙台藩の場合、天保四年にも飢饉があり、近隣諸藩から飢え人が入り込んで来る状態であったが、むしろ大きな問題になったのは天保七年から八年であった。仙台藩の数万人から十数万人に及ぶ人々が亡くなったと評価されている。藩内では土地を捨てて逃げ出したり、家族が離散してしまうことが後を絶たず、ある村では六〇軒ばかり居住していたがわずかに七、八軒程度になってしまったようである。飢饉になると治安も悪化し、盗人が出現し、街道沿いには追剝《おいは》ぎや強盗が横行することとなった。そのほか、物乞いの増加、動物食・人喰い、倒飢死、疫《えき》病《びょう》の流行などが藩内に広がっていった。藩や功徳《くどく》のある人による救済も行われていたが、それですら十分ではなかった。それが仙台藩の天保の飢饉であった。

天保の飢饉は東北地方だけで猛威を振るったわけではない。この時期の全国市場の展開と貨幣経済の発展は多くの地域に凶作と飢饉の影響を及ぼした。

生実藩のある下総国の状況については、小田真裕氏が当該地域の在村知識人である金杉佐右衛門貞俊《さだとし》の思想を検討する中で丁寧に明らかにしているので、それに依拠して確認してみたい（「下総万力村金杉貞俊の天保飢饉認識」）。金杉貞俊は「飢饉憂之事」と称された救荒書《きゅうこうしょ》の類を執筆しているが、その書物によれば、天保四年の下総国は田植えの時から夏まで寒くて、稲穂が長く伸びず、稲刈りの時期になっても小さい穂が出る程度であった。また、一穂あたりの籾《もみ》は良いもので五〇～六〇粒、悪いもので三〇～四〇粒であったという。単純に比較することはできないが、現在だと品種によってバラつきがあるものの、大体一穂あたり一〇〇～二〇〇粒の収穫があることから、実りが極端に少ないことがわかる。

八月一日には数十年ぶりの大風のために大きな被害が出て、年貢の検見《けみ》（収穫した米の出来具合を藩の役人が確認して年貢料を決定する収奪方法）を願い出ない村はひとつもなかったという。米以外の作物も不作だったのか、高騰してしまっている。このような状況で小見川（現・香取市小見川）では打ちこわしが起こってしまった。金杉貞俊はそのほか多くの騒動を記しているが、それらを踏まえて、このような騒動の原因は農業を嫌い、商売を好む風潮があることによると結論づけている。ともかく、下総にも冷夏の影響で作物が実らず、ついには騒動にまで発展してしまっている状況だということが理解できよう。

藩内の天保の飢饉とその救済

では、天保の飢饉における生実藩内の村々はどのような様相だったのであろうか。これまでも何度か登場している『千葉市史』にはこの当時の史料を多く掲載しているので、これらを用いて悲惨な天保の飢饉の様子を描いてみよう。

天保七年(一八三六)、全国的な天候不順のために大凶作に陥ってしまった。そのため翌年にかけて米価が高騰してしまっている。藩内の有吉村(現・千葉市緑区おゆみ野有吉)の名主は生実陣屋に年貢減免を求めた。陣屋の藩士は早速江戸へ連絡したところ、検分役の藩士が到着して、稲の状況を確認し、年貢の八パーセント減が認められた。しかし、有吉村の村役人は「それでは百姓は年貢を納めることができない」と納得できず、独自に「毛附帳」という稲の出来具合を記した帳簿を作成して藩へ提出している。

この後、「毛附帳」を携えた村役人は江戸の生実藩邸に提出することが認められて、江戸に向かう。この年の有吉村の年貢がどのようになったかは判然としないものの、同年の椎名下郷（現・千葉市緑区おゆみ野椎名崎町）では二五パーセントの減免で年貢を納めるという請書が遺されていることから、藩内は一律で二五パーセント減じられたものと思われる。

しかし、年貢が減免されただけでは十分ではなかった。同じく椎名下郷に属していた谷津《やつ》村・駒崎《こまざき》村・刈田子村などの百姓は翌年春には食べる物にも困窮する有り様となってしまった。そこでわずかばかりの蓄えをもっていた村人が米を出し合い、困窮していた三九軒に分け与えている。その量は一四俵余。この拠出は生実陣屋にも届け出がなされており、「この上は願いがましきことはしないように」と釘をさされている。

このような藩内の状況に八代藩主・森川俊知と藩士たちは幕政にばかり関与して地元を顧みなかったわけではない。藩主の御手元《おてもと》金のうち金九両三分二朱と銭三二四文が椎名下郷へ下賜されている。江戸時代の椎名下郷とは、現在の千葉市西部のニュータウンだが、十九世紀前半には飢饉の辛苦に喘いでおり、その人々の苦労と努力という歴史の上に築き上げられた街並みといえる。

一方、藩内の豪農・豪商たちの飢饉における施行についても見てみよう。北生実村の百姓・安兵衛は窮民救済として、一〇四軒四三四名（その他寺院もあり）に対して総額銭一六一貫四〇〇文を施行することを生実陣屋へ届け出た。この額は金四〇両余に該当する。この金額を見ると既述の藩主・俊知による下賜金の額が見劣りしてしまう。この北生実村の百姓・安兵衛について『千葉市史』の解説では「造醤油・雑穀幷《ならびに》元質屋」である可能性を指摘している。もしそうだとすれば、純粋な施行と考えるより、各地で頻発している打ちこわしを事前に避けるという狙いがあったのではなかろうか。

俊知の死と九代藩主・俊民

天保の飢饉よりも少し時代を遡《さかのぼ》ってみよう。のちに若年寄を務める八代藩主・俊知がまだ幕府奏者番を務めていた文政四年（一八二一）、信濃国高島《たかしま》藩（現・長野県諏訪市）藩主の諏訪《すわ》忠粛《ただかた》の二男である俊一が養子となり、俊知の長女・としと結婚した。十一代将軍・家斉への御目見や官位叙任などを済ませ、森川家継嗣としての途《みち》を歩んでいた俊一だが、文政十年にわずか二十六歳で病により亡くなってしまった。

翌十一年、肥前国島原藩主・松平忠馮《ただより》の息子である俊民が養子となり、俊知の長女・としと結婚した。天保九年（一八三八）八月九日、俊知が死去すると九代藩主として生実藩一万石を相続した。時まさに天保の飢饉が猛威を振るっている頃であり、藩内でも凶作が続いていた頃である。天保の飢饉による村々の疲弊と年貢減免、そのような中、俊民は翌年八月、初めて領内に入ったが、飢饉で疲弊した村々がどのように映ったであろうか。残念ながらそれを記す史料は見当たらない。森川家は四代藩主・俊胤以来、江戸幕府番方最高の格式といえる役職に就いているが、天保十五年（弘化元年）、俊民も大番頭に就任した。その後、奏者番を経て、嘉永五年（一八五二）七月に若年寄に進んでいる。嘉永五年といえば、十二代将軍・家慶の時代。水野忠邦のあとを受けて、若くして老中首座となった阿部正弘《まさひろ》が幕府運営を行なっていた時期である。

ところで、四代藩主・森川俊胤、八代藩主・俊知、そして九代藩主・俊民が務めてきた若年寄とはいかなる役職であろうか。すでに「老中に次ぐ重職である若年寄」と述べたが、もう少し具体的な役割を福留真紀氏の研究にしたがって見てみたい（『江戸幕府大事典』）。

若年寄の起源は三代将軍・家光の側近である六名が「少々御用之儀」を仰せ付けられたことによる。彼ら、すなわち松平信綱《のぶつな》・阿部忠秋《ただあき》・堀田正盛《まさもり》・三浦正次《まさつぐ》・太田資宗《すけむね》・阿部重次《しげつぐ》は「六人衆」と称され、年寄（のちの老中）に集中していた政務を分担することとなった。老中の職掌と比較して幕府諸役人・旗本の管轄を担当するという違いが指摘できる。また、森川俊知のように、将軍の姫の「慶事」を担当するなど、徳川家内部の差配も担った。「六人衆」の後、人数は二名から六名程度で、西丸に大御所や将軍継嗣が住している場合は西丸若年寄も存在した。俊知のように西丸若年寄であった者が、西丸の将軍継嗣の将軍就任後、スライドして本丸若年寄を務めるような事例も多く見受けられる。

ところで、俊民が若年寄に任じられた弘化五年（一八四八）七月八日、それまでの官職であった紀伊守から出羽守に改めている。江戸時代の武家官位は、基本的に幕府が取りまとめと申請を行い、天皇・朝廷は官位に関わる儀礼と文書発給を行っていた。但し、どのような官職に任じられてもらうかは各武家に委ねられている側面が強く、多くは先祖の官職に代々任じられていた。森川家の場合、出羽守は初代・重俊が任じられた官職であり、四代藩主で、若年寄を務めた俊胤以来、任じられていなかった。弘化五年に俊民が若年寄就任と同時に出羽守に改めていることは、俊民なりの森川家としての矜持を反映したものと評価できよう。

②　安政の大地震

幕末の日本列島は大規模な地震によって大きな被害を受けることとなった。生実藩の上屋敷は全壊し、藩主は避難所への転居を余儀なくされた。そして多くの家臣たちが被災し、亡くなった。

安政年間、「地震大国」となった日本列島

幕末、嘉永・安政年間（一八四八〜一八六〇）には日本各地で大規模な地震が多発した。明治二十六年（一八九三）に工部省官僚であった小鹿島果《おがしまはたす》が編纂した『日本災異志』を見てみよう。

嘉永六年二月二日、小田原を中心とした江戸から東海地方で強い揺れが発生した。小田原城と城下町が甚大な被害を受け、死者は七九名に及んだ。この余震は二月中旬まで続いたようである。

翌嘉永七年六月十五日、今度は畿内で地震が発生した。奈良では市街地で無事だった建物はひとつとしてなく、三〇〇名ほどの死者が出た。大和郡山《やまとこおりやま》でも家の損壊があり、一四七名が亡くなった。最も被害が大きかったのは伊賀《いが》国（現在

安政の大地震後作られた鯰絵のひとつ「なまづの力ばなし」（国立国会図書館蔵）

の三重県の一部）で、上野《うえの》城の損壊により藩士が亡くなったのに加え、土石流と思われる地滑りによって一八八〇名が命を落とした。そのほか、畿内・中国地方・東海地方でも大きな被害を受けた。この後、余震が続き、奈良・西大寺《さいだいじ》本堂は倒壊、大和郡山ではさらに四四八名の死者を出した。

同年十一月四日・五日、日本全体に被害をもたらした南海トラフの地震が起こった。四日の地震では東海道筋の城下町・宿場が壊滅的ダメージを受けた。掛川《かけがわ》城天守は倒壊、名古屋城・駿府城も多くの門や櫓《やぐら》が倒壊、三島《みしま》宿はほとんどが倒壊し、蒲原《かんばら》宿は火災で焼失してしまっている。沿岸部では大規模な津波が発生し、全国で二千とも三千ともいわれる人々が命を落とした。翌日、今度は紀伊半島・四国・九州を中心とした南海トラフの大地震が発生した。この時も大きな津波が沿岸部を襲っている。死者は数千人に及んだ。日本の太平洋沿岸は甚大な被害となってしまった。

それだけでは終わらなかった。大地震の復旧・復興もままならない安政二年（一八五五）十月二日夜四つ時（午後十時）頃、江戸湾を震源とする地震が発生した。江戸城石垣・櫓・門の損壊に加え、諸藩邸でも倒壊やその後の火災によって死者は二万五〇〇〇名余に達した。しかし、この数は幕府が把握しただけの数であり、実際には一〇万とも一三万余とも二一万余名であったとも評されている。なお、中村操・松浦律子氏の「1855年安政江戸地震の被害と詳細震度分布」によれば、江戸の死者は七〇〇〇名以上と指摘されており、このあたりが比較的正式な数値なのかもしれない。

この地震によって江戸小石川の水戸藩上屋敷が倒壊し、多くの家臣が亡くなった。水戸藩主・徳川斉昭の近臣の藤田東湖《ふじたとうこ》と戸田忠敞《とだただあきら》が下敷きとなって死去したことは、その後の水戸藩政、延いては幕末の政治抗争にまで影響を及ぼしたといえよう。

そのほかに大きな地震は、陸中南部（安政三年七月）、駿河（同四年五月）、京都（同年七月）、伊予・安芸《あき》（同年八月）、飛騨・越中（同五年二月）など、枚挙にいとまない。まさに列島は「地震大国」の様相であり、多くの人的・物的被害が出た。

ところで、安政の大地震において生実藩領がどのような被害であったかを理解する史料は多くない。そもそも災害は被害のある地域に遺った痕跡がないと十分に把握できない。考古学などの成果を除けば、古い時代であればあるほど人々が記録を遺していない限り、地震とその被害はわからないのである。そのため、古代であれば、京都から離れれば離れるほど、規模の大きい地震であっても判然としないのが実情である。そこで、下総国内の地震を『日本災異志』から確認してみよう。

この本に記された下総国内の地震の記事はわずかふたつである。ひとつは安政の大地震の記事。もうひとつは『類聚国史《るいじゅうこくし》』（菅原道真《すがわらのみちざね》が編纂した歴史書）を典拠とした弘仁九年（八一八）七月の記事である。弘仁九年の地震は関東全域に甚大な被害を与え、特に赤城山（群馬県中央部の山）付近では山崩れによって谷間の人家が埋まり、多くの死者を出した。下総国内での被害の様相は判然としないが、房総半島の上総・安房国内の被害は記されていないため、内陸地震であり、津波の被害はなかったものと評価されている。

なお、建仁元年（一二〇一）八月十一日に下総国葛飾郡に大津波が発生し、人家を飲み込んだという記事が『吾妻鑑《あづまかがみ》』（鎌倉時代に成立した歴史書）に見える。どのような地震に伴っているかは分からないものの、内房の沿岸部は遠いところで発生した地震の被害も受けたことは想像に難くない。また、外房は大規模な津波被害の記録が数多く遺されており、現地に供養塔が建てられているところは少なくないことを倉地克直氏が明らかにしている（倉地克直『江戸の災害史』）。

生実藩江戸藩邸の全壊

安政二年（一八五五）十月二日の安政江戸大地震は、生実藩江戸屋敷にも深刻な被害をもたらすこととなった。当時の上屋敷は、九代藩主である俊民が嘉永五年（一八五二）に若年寄に任じられた直後の七月二十三日に拝領した龍の口（現・東京都千代田区大手町一丁目）にあった。現在の東京駅と皇居との間、和田倉門《わだくらもん》橋のすぐ近くである。『東京市史稿　市街篇』より生実藩上屋敷周辺の地震発生時の様子を見てみよう。

地震は午後十時頃に起きた。龍の口付近には幕府重臣の上屋敷が集住していたが、大きな揺れによって次々と建物が倒壊していった。この付近の震度について調査した既述の中村操・松浦律子氏の論稿によれば、龍の口付近は震度六であったものと推定している。ただし、丸の内は震度六・五と推定しており、より大きな揺れであったことも考えられる。

大手門前には姫路藩酒井家上屋敷があったが、地震によって倒壊した後に火災によって表門を遺すのみとなってしまった。そして、その酒井家上屋敷から龍の口森川家上屋敷までの間、およそ幅一三〇間（二三五・三メートル）、長さ二二〇間余（三九八・二メートル）にわたって焼失してしまった。当時、藩主の俊民は病によって若年寄を辞去したばかりであり、上屋敷に居住していたものと推測されるが、何とか難を逃れて、四谷南寺町の下屋敷へと避難した。既述の通り、四谷南寺町下屋敷は遅くとも延宝年間（一六七三〜一六八一）に拝領しており、明治四年（一八七一）に新政府に召し上げられるまで藩邸として利用されていた。俊民は下屋敷を避難所として利用していたが、その心労のためであろうか、十一月五日に亡くなってしまう。現在でいうところの災害避難生活の長期化による「関連死」といえよう。

さて、生実藩上屋敷は地震直後に御殿を含め、大きな被害を受けたものと思われる。その後の火災によって「丸焼《まるやけ》」と称されるような状態になった。『東京市史稿』には噂話として、「生実藩上屋敷は丸焼けのために四〇〇人のうち八人しか残らなかったとの評判である」と記している。後述するように、四〇〇人のうち八人しか生き残らなかったという数は誇張があるかもしれないが、藩士・中間（年季奉公の下級武士）・足軽を含め、その家族も居住していたおり、藩邸近くでの夥《おびただ》しい死体を目のあたりにした人々の感想の度合いがうかがえる。

十月六日、「皆潰」「類焼」を理由に幕府から三〇〇〇両の拝借金を生実藩は得た。拝借金が支給されても、天保の飢饉に続く藩財政がさらに悪化したことは想像に難くない。なお、この時の焼失によって「古来ノ書記類 悉《ことごと》ク亡失ス」、すなわち古くからの記録類が失われてしまったと「家譜」の俊民の項目に記されている。「家譜」に掲載するほど、記録の焼失が大きな損害であったことをうかがわせる一文である。

安政江戸地震で亡くなった藩士・中間・足軽

江戸城下の龍の口の生実藩上屋敷は安政の江戸大地震で倒壊し、その後の火災によって灰燼に帰し、家中とその家族三〇名、足軽六名、中間九名が亡くなってしまった（『千葉市史』）。例えば、重臣のひとりである桑名弥右衛門（五十石取。のちに郡代・留守居添役などを歴任）は妻・養母・幼い女児の三名が亡くなっている。また、家老・京僧家の一族である京僧新助の娘、京僧亨助の妻と息子が亡くなっている。家中とその家族で死亡した三〇名のうち、藩士は一〇名、妻は五名、息子・娘は一三名、その他二名（養母・姉の娘）であった。彼らは上屋敷の長屋に住していたものと考えられるが、今と異なり江戸時代の午後十時という時間であったため、深い眠りについており、特に子どもたちは目を覚ますことができず、建物の倒壊と類焼に巻き込まれてしまったのであろう。

足軽・中間は一五名が犠牲となったが、ほとんどが藩内の村の出身であり、中国地方出身の者が二名いた。中間とは、門番や従者などを務める年季奉公の者であり、藩士に付属する武家奉公人である。藩内の百姓・町人の者が職を求めて務めた場合が多いが、生実藩の場合も藩内の人々が登用されていたようだ。

その後彼らがどのように弔われたか、地元へと戻ることができたかなど、判然としない。

相次ぐ藩主の早世

安政二年（一八五五）当時、生実藩は安政の江戸大地震による上屋敷の倒壊、若年寄を務めた藩主・森川俊民の死などの波乱続きであった。しかし、この年はそれだけではなかった。俊民の嫡男ですでに将軍への御目見も済ませていた俊用《としもち》(天保二年〈一八三一〉生まれ)が二十四歳の若さで亡くなってしまったのである。俊用は、父である森川俊民と紀州藩付家老《つけがろう》・水野忠央《ただなか》の娘との間に生まれた。付家老とは、主に将軍から御三家へ付けられた家臣のことであり、紀州藩徳川家の場合、二代将軍・秀忠より安藤家と水野家が附属された。両家ともに、徳川家康が三河に勢力を保っていた時代から従っている武将の末裔であり、家老とはいえ、ほかの大名と同じような格式の家であった。

早世した俊用の祖父である水野忠央はその紀州藩の付家老であったが、幕末の紀州藩主・徳川慶福《よしとみ》(後の十四代将軍・徳川家茂《いえもち》)が将軍に就任する前後は幕政に大きく関与した。そのため彼は幕政に関わる様々な文書・記録を写し取っており、現在は「丹鶴《たんかく》城旧蔵幕府史料」として学習院大学図書館に所蔵されている(それらの幕府史料はゆまに書房から出版され、詳細な解説が付けられている)。

俊用は父が若年寄であり、母方の祖父は将軍に就任する人物の付家老という立場であったため、幕末政治史に名を残す可能性が想起される。しかし、残念ながら俊用は安政の江戸大地震以前の七月二十二日に、父に先立って亡くなってしまった。

俊用の死去によって、その弟の俊位《としひら》が相続、生実藩十代藩主に就任した。しか

徳川家茂画像
(東京大学史料編纂所蔵)

し、彼も安政五年七月二十六日にわずか十八歳で亡くなってしまう。その後、伊勢国亀山藩六万石の大名・石川総紀《いしかわふさのり》の二男である人物が養子として相続。俊徳《としのり》と名乗り、生実藩十一代藩主に就任したが、やはり十九歳で早世した。

幕末の政治闘争は大きくクローズアップされて、その後の明治維新に短絡的に結びつけられることが多いが、事情はそれほど単純ではない。例えば本書で述べている生実藩のように外圧や幕末政治の問題以前に、自分たちの周囲で起きている問題で右往左往せざるを得ない状況の中で生き抜いていこうとする藩があり、同時代的には生実藩のような藩が多かったと考えるべきであろう。

③ 幕末政治史と生実藩

ペリーは幕府や周辺の人々に大きな驚きをもって迎えられた。
ペリー来航によって生実藩も大きな変化を要求された。
幕末史のドラマで描かれることのない生実藩主と藩士たちはどのように生きたのか。

ペリー来航における警護

嘉永六年（一八五三）六月三日夕刻、浦賀《うらが》沖（現・神奈川県横須賀市）に四隻の外国船がやって来た。アメリカ合衆国東インド艦隊司令長官であるマシュー・ペリー率いる「黒船」の来航である。幕府はすでにオランダよりペリー来航の情報を得ていたため、浦賀での警護人数を増強しており、通常の外国船渡来同様に長崎へ向かうことを指示した。しかし、合衆国十三代大統領・フィルモアの親書を将軍に手渡すべく、ペリーは幕府の命令に強行に反対し、結局は三浦半島の久里浜《くりはま》において、浦賀奉行に親書を手渡すことができた。これによって、翌年、日米和親条約が締結され、その後、通商が行なわれることとなり、アメリカとの外交が始まった。

黒船を描いた様々な絵が残された。「黒船之圖」（国立国会図書館蔵）

当時の生実藩主は九代藩主・俊民、時に五十歳。前年に若年寄に任じられていたが、ペリー来航に際して、どのような活動、どのような政治的判断をしたか、判然としない。既述の通り、若年寄は徳川家内部の「慶事」などの差配を担う職務もあったと述べたが、当時高齢の将軍・家慶や、その継嗣であるも病弱な家定に対する不安を抱いていた時期であったものと考えられる。実際、家慶はペリー来航直後の六月二十二日に亡くなってしまった。

俊民にとって、父・俊知は家慶が将軍継嗣として西丸に居住していた時に若年寄を務めており、父子二代続けて家慶に仕えたこととなるので、家慶の死に対する悲しみは想像に難くない。したがって、同時代の感覚としては、頻繁にある外国船渡来は苦慮する意識のひとつでしかなく、むしろ俊民にとっては徳川将軍家の今と未来に思いを抱いていたと思われる。

なお、江戸湾防備のため、六月七日に浜野村（現・千葉市中央区浜野町）本行《ほんぎょう》寺本堂に生実藩士が出陣し、十四日に生実へ戻っていることが永野秀夫氏蔵「異国船渡来写」という史料（『千葉市史』所収）から確認できる。

異国船に備えての大砲

十二代将軍・家慶が亡くなり、ペリー率いる「黒船」が来航した翌年、嘉永七

生実藩兵が滞在した本行寺（千葉市中央区）

年（一八五四。安政元年）三月三日に日米和親条約が武蔵国久良岐《くらき》郡横浜村（現・神奈川県横浜市中区）で締結された。現在、横浜と日本の開国の歴史を知る上で最も重要な博物館である横浜開港資料館が設置されている場所だ。なお、横浜開港資料館の建物は昭和六年（一九三一）に建設された英国領事館である。

その後、伊豆国賀茂郡下田村（現・静岡県下田市）の了仙《りょうせん》寺で五月二十二日に細則を定め、ペリーは日本を去って行った。この了仙寺は開国の中心であることから国史跡に指定されている。

このような情勢の中、江戸幕府は江戸湾の警護を本格的に進める。すでに日米和親条約締結前から大砲を備えた台場建設が進められた。当初の計画では江戸湾の品川沖に一一基もの台場を築く予定であったが、難事業であり、結局は六基のみが築かれた（そのうちのちに緒明《おあけ》台場と称された台場は建築途中で中断）。そして、建築に合わせて「浜御殿《はまごてん》」（現在の浜離宮恩賜公園）で安政元年八月十八日に大砲の実演がなされた。当時、若年寄だった森川俊民は新将軍・家定や老中首座である阿部正弘などの幕閣とともに、この実演に参加している。

同じく、同年十月二十七日には品川台場のうち三基が完成したので、将軍家の一族である御三家を含め、諸大名や幕閣が「品川御台場見分」を行なった。若年寄・森川俊民もこの時の検分にたずさわっている。この時行なわれた検分は、第一から第三台場までであった。このうち第一台場は現在の品川埠頭の一部、第二

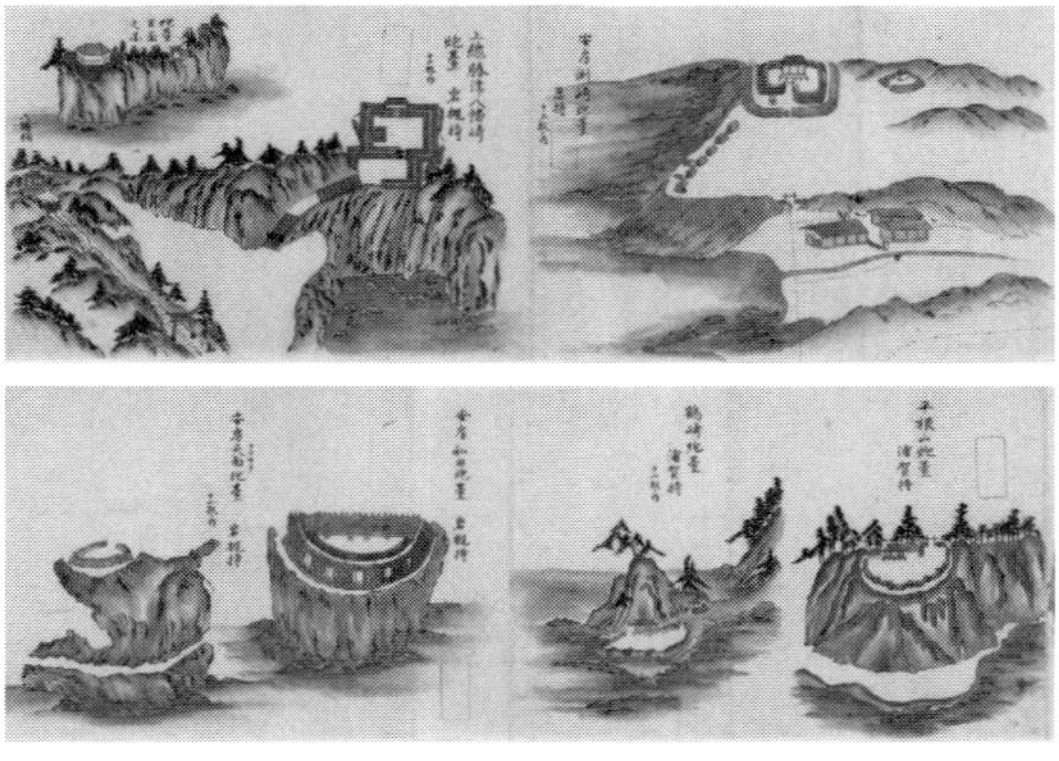

「海防図」（船橋市西図書館蔵）
江戸湾には異国船に備えて
数多くの砲台が設置された

台場は近代になって東京湾開発のために失われ、もはやその面影を確認することはできない。第三台場は現在の「お台場海浜公園」の一角として国史跡に指定されており、レインボーブリッジから眼下に眺めることもできるし、実際に第三台場の中へ入ることも可能である。

なお、このような軍事行動にあたって生実藩がどのような陣容であったかについては、元治元年（一八六四）七月に写された「非常之時行列覚帳」という史料が参考になる。史料の性格は不明ながら、用人である西村三右衛門《にしむらさんえもん》や留守居の小《お》幡安五郎《ばたやすごろう》といった重臣をはじめとして、大砲・鉄砲などを備えた陣屋の「御殿御役人衆」の陣容であるようだ。注目すべきは、大砲と鉄砲隊の多さであり、大砲は三挺、鉄砲隊は小頭二名、鉄砲を所持した藩士が八名、銃卒・鉄砲足軽四二名であった。近代的な軍団として整備されていたと評価できよう。

江戸と板橋の警護

幕末史というと、西郷隆盛《さいごうたかもり》・桂小五郎《かつらこごろう》・坂本龍馬《さかもとりょうま》といった幕末の志士と称された人々や薩摩藩・長州《ちょうしゅう》藩・会津藩などの動向が著名であろう。多くのテレビドラマ・小説・映画・漫画・ゲームの題材に用いられており、戦国時代とともに多くの歴史ファンを魅了している。しかし、幕末という時代において、そのよう

大砲の実演が行なわれた浜離宮
（東京都中央区）

現在も残る第三台場跡

な題材になるのは生活のごく一部であり、たまたまドラマ性を強調するために「激動の時代」に見えるが、多くの人々にとっては日常の中に身を委ねているに過ぎない。

生実藩森川家も「激動の時代」の中では何か特別な動きはしていない。十一代藩主・俊徳は文久二年（一八六二）十月二十四日に十九歳で早世した。俊徳には子どもがいなかったため、またも養子相続となった。今回、森川家を相続したのは出羽国松山藩（現・山形県酒田市松山）藩主・酒井忠方《ただみち》の二男である伝吉郎《でんきちろう》、のちの俊方《としかた》である。俊方は嘉永三年（一八五〇）生まれであるため、まだ十三歳の若さであった。

十二代藩主・俊方は、相続した翌年の将軍上洛のため江戸や板橋宿の警護を命じられた。板橋宿は、現在の東京都板橋区本町を中心とした宿場であり、現在でも江戸時代以来の旧跡はもちろん、説明のための立て看板が多く設置されている。五街道のひとつである中山道では日本橋の次の宿場だ。江戸の玄関口といえよう。藩主・森川俊方が警護のために詰めたと目される板橋宿本陣は明治二十三年（一八九〇）の火災によって焼失してしまい、現在は「板橋宿本陣跡」の立て看板が遺されている。和宮《かずのみや》が将軍・家茂に嫁ぐため下向する際、宿泊したのが板橋宿本陣である。

この時、森川俊方とともに板橋宿を警護したのは平《たいら》藩主・安藤信勇《のぶたけ》であった。

生実藩が警護を命じられた板橋宿
（東京都板橋区）

板橋塾は本陣以外にも脇本陣もある大きな宿場だった。板橋宿平尾脇本陣豊田家跡
（東京都板橋区）

安藤信勇はもともと信濃国岩村田《いわむらた》藩主である内藤正縄《まさつな》の孫であり、坂下門外《さかしたもんがい》の変によって老中を罷免された安藤信正《のぶまさ》の嫡男が早世したことによって、平藩主となった人物である。

残念ながら、どの程度の規模の軍隊を率いて警護を行なったのか判然としないものの、文久四年（同年二月に元治と改元）正月二十五日に「浪士」三名を捕縛したことによって銀一〇〇枚の褒美を与えられている。なお、実際、この警護を担ったのは既述の通り家老の氏家廣精であった。

元治元年（一八六四）五月二十日、将軍・家茂は二度目の上洛から江戸に戻った。家茂は朝廷の要請によって、文久三年・翌四年と二度にわたって上洛しなくてはならず、そのたびに攘夷の催促を受けた。家茂が江戸に戻ったことによって、六月二十四日、俊方は板橋宿警護の任務を解かれた。

では、その後の生実藩の動向を千葉県文書館蔵の「公用録」と称された史料から見てみよう。元治二年五月、長州征伐のために将軍・家茂が江戸を出発すると雉子橋門外の警護に任命された。雉子橋門は江戸城内郭へ通じる門である。ただし、これは通常の警護ではなく、非常時に出兵することが求められたものであった。後述する大政奉還後の慶応三年（一八六七）十二月二十日にこの任務は解かれ、改めて和泉橋警護に任命されている。この警護も非常時のみのものであった。

この間、慶応三年十月七日に丹後田辺藩主・牧野誠成《たかしげ》の妹との縁組願書を幕府

家茂が上洛する姿を描いたといわれている錦絵「末廣五十三次のうち日本橋」（国立国会図書館蔵）

に提出し、十一月二十七日に認められた。大政奉還が十月十四日であることから、緊迫した公武間の状況の中、生実藩家中としては久しぶりの慶事に「お祝いムード」であったものと想像される。

④ 森川俊方、新政府に恭順

江戸時代の譜代大名、将軍・秀忠に殉じた先祖をもつ森川家。
若き藩主・俊方とともに家臣団一同で生実藩存続に腐心する。
明治維新のドラマの裏側では生き残りの駆け引きが巻き起こっていた。

大政奉還と生実藩

慶応二年（一八六六）七月二十日、長州藩を討伐するために大坂城へ出陣していた十四代将軍・徳川家茂が亡くなった。さらに、同年十二月二十五日には天皇家と徳川将軍家の繁栄、朝廷と幕府の安定、そして、国内の平穏を願っていた孝《こう》明《めい》天皇が亡くなり、時代は大きく変化を見せる。

　家茂死後、長く将軍職不在の状態が続いたが、孝明天皇の死の直前、十五代将軍に一橋慶喜《よしのぶ》が就任した。一橋慶喜とは、水戸藩主・徳川斉昭《なりあき》の息子であり、十四代の将軍を決定する際にも候補に挙がったことがあるが、当時の状況としては紀伊藩主・徳川慶福（のちの家茂）が継ぐことが妥当であった。大老・井伊直弼《なおすけ》による反対派の粛清（安政の大獄）とその井伊直弼を殺害したテロリズム（桜《さくら》田《だ》門《もん》

徳川慶喜の実父徳川斉昭画像
（写）（東京大学史料編纂所蔵）

外《がい》の変）を経て、慶喜は将軍後見職や「禁裏《きんり》御守衛総督」を歴任し、幕政の中心に位置づいていた。

十五代将軍となった一橋慶喜は幕臣たちとともに急進的な改革を進めようとする。しかし、これが幕末の政治動向の中で、朝廷・有力大名らとの協調関係をわずかな期間の間に崩してしまう。慶応三年十月十四日に保元・平治の乱以来武家が担ってきた政権を朝廷に返上するという、いわゆる大政奉還の上表を慶喜は行なった。

では、大政奉還直後の生実藩を見てみよう。慶喜の大政奉還を受けて、朝廷は諸大名に上京を促したものの、ほとんどの藩は従うことなく、徳川家譜代の大名は官位の返上や、朝廷の命に従わないことを表明した。若き生実藩主・俊方もこの動きに同調している。岡部《おかべ》藩主（のちの半原《はんばら》藩。現・埼玉県深谷市岡部）である安部信発《のぶおき》らとともに連署して幕府に提出した書つけを現代語訳して示してみよう（原文は『大日本維新史料稿本』より）。

このたび朝廷より召し出されまして、早々に上京するよう武家伝奏より御《お》達《たっし》があったこと、不肖の家臣である身にとっては実にありがたき仕合わせなことではございますけれども、そもそもこのほど大政奉還を仰せられたことは将軍のすばらしい御英断にて感涙を堪えることができないと存じます。そうではあってもこのことは容易ならざる大事件なので、一同悲痛な気持ちで嘆かわしく思っております。元来、このような立場にございますことは将軍代々より格別の慈しみを受け、先祖より土地・領民を拝領し、数百年にわたって子々孫々安穏に相続してまいりましたことはその御恩の大きいこと、身に染みており、片時も忘れたことはありません。このような折になりました上は、なおさら御恩に報いて忠心を尽くし、進退存亡、将軍の命令に従うほかの考えはございません。ここに至って朝廷へ出仕することは第一の非分となり、将軍家に対して君臣の大義が立ちませんので、朝廷の命令を聞かないようで不敬の罪科が逃れられないのは畏れ多いですけれども、君臣の大義を失わず、上下の正しい行ないを立て、倫理を明白になりますように懇願致します。何とぞわずかながらの思いのほどを御汲み頂けますよう、伏して願います。以上。

十一月十五日

菊之間縁頬《きくのまえんきょう》詰一統

「菊之間」とは、江戸城の表空間の部屋のひとつであり、小大名や将軍の軍隊である大番頭・書院番頭・小姓組番頭らが詰めた空間である。連署した人々の本心はさておき、集団としての譜代大名たちは大政奉還後も徳川家に仕える意識を表明していた。鳥羽・伏見の戦いがはじまる一カ月半前のことである。

家老・青木七右衛門の上洛

大政奉還後、生実藩は江戸の警護を命じられたが、慶応四年（一八六八）正月に旧幕府軍と新政府軍が鳥羽・伏見で激突し、旧幕府軍が敗走すると、表向きは結束していた譜代大名の中にも動揺が広がった。

生実藩内でも不穏な空気が流れていた。勤王・佐幕といった議論が起こって、藩内が二分してしまったのである。この難局に対応したのが、執政職のひとりである氏家廣精であった。氏家廣精は藩論を新政府恭順にまとめた。残念ながら十分に史料が残されておらず、近代になって書かれた彼の履歴（千葉県文書館蔵）に記されているに過ぎないが、当時として大胆な決断であったといえよう。実際、藩論がまとまらずに新政府との関係が悪化してしまった藩もあり、素早い政治判断が功を奏したと評価できる。

そこで二月十六日に執政職・青木七郎右衛門敦禮が、新政府軍に恭順すべく上京することとなった。青木敦禮は前年五月に用人役に就任し、同年冬に執政職に進んだ人物である。青木敦禮は家中の内海伴吾とともに、一路西へと向かった。ここでなぜ藩主である俊方が上京しなかったか、という疑問が湧く。『大日本維新史料稿本』によれば、既述の岡部藩主・安部信発の重臣も恭順のために、同日

鳥羽・伏見の戦いの弾痕が残る妙教寺

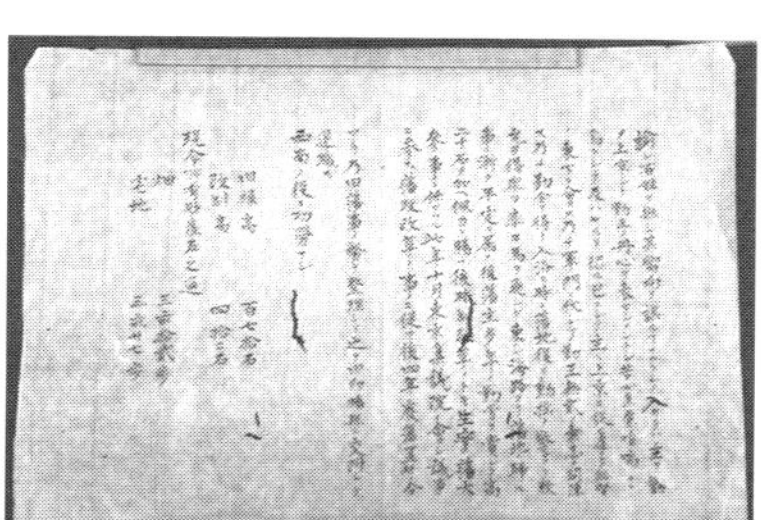

「旧大参事氏家廣精の経歴と家禄」
（千葉県文書館蔵）

上京するが、俊方も安部信発も病のために家臣が上京したと記されている。しかし、これは仮病の可能性が考えられよう。当時の状況を考えてみたい。二月十二日に徳川慶喜は恭順の意向を示すために江戸城より寛永《かんえい》寺へ移ったが、旧幕府は軍艦も兵力も相当保持していた。新政府による東国への侵攻が進んでおり、尾張藩以西は新政府への恭順を示しているとはいえ、当時の意識としては今後どのように進んでいくか、まったく予測できない段階であった。その際、藩主自らが新政府に恭順を示すということは危険だという政治判断が働いたのであろう。このような難局に対して、あえて藩主は病とし、執政職が上京することになったものと思われる。

岡部藩家老・馬場兵右衛門とともに西へ向かった青木敦禮と内海伴吾は、東海道宮《みや》宿（熱田宿。現・愛知県名古屋市熱田区）において新政府軍の東海道先鋒《せんぽう》総督府に恭順の意向を表明した。東海道先鋒総督府は総督・橋本実梁《はしもとさねやな》（堂上《とうしょう》公家。和宮のいとこ）、副総督・柳原前光《やなぎはらさきみつ》（堂上公家。明治期の外交官）、参謀・木梨精一郎《きなしせいいちろう》（長州藩士。のちに内務官僚・陸軍軍人・長野県令など）と海江田信義《かいえだのぶよし》（薩摩藩士。のちに元老院議官・枢密院顧問官など）という面々であった。

下総国の戊辰戦争——船橋戦争と五井戦争

慶喜が籠った寛永寺（東京都台東区）

既述の通り、二月には新政府に対して恭順の意志を表した生実藩だが、下総国を含め、関東全域はまだ騒乱の中であった。ひとつには十五代将軍・慶喜が寛永寺に蟄居しているにも関わらず江戸城を中心に旧幕臣が新政府への対抗を行なっていたこと、もうひとつは一揆が激化していたことである。旧幕臣であっても新政府に恭順していた旧幕府海軍総裁の勝安芳《かつやすよし》（海舟）は房総地域の治安維持のために慶応四年（一八六八）三月初旬に総房三州鎮静方を設置した。この動きは徳川慶喜の恭順姿勢を受けて、新政府に対抗せず、房総地域の安定化を図ろうとするものと評価できる。

しかし、一部の旧幕臣は劣勢になりつつも反抗を続けていた。下総国結城《ゆうき》藩主（現・茨城県結城市）水野勝知《かつとも》は新たに旧幕臣で結成された彰義隊《しょうぎたい》とともに藩内の恭順派を追い落とし、結城城に籠った。旧幕府の歩兵奉行であった大鳥圭介《おおとりけいすけ》は下総市川・国府台から下野国小山（現・栃木県小山市）を転戦し、新政府軍を撃破している。旧幕府軍の撤兵隊や上総国請西《じょうざい》藩主（現・千葉県木更津市）の林忠崇《ただたか》、また伊庭八郎《いばはちろう》ら旧幕府軍の遊撃隊《ゆうげきたい》などは下総から相模にかけて転戦。江戸湾には海軍副総裁の榎本武揚《えのもとたけあき》が軍艦とともに停泊していたため、新政府軍は簡単には関東を制圧できないでいた。

四月十一日、江戸城が開城するも、彰義隊が上野の山に立て籠った。不穏な空気は払拭《ふっしょく》されなかった。閏《うるう》四月三日には江原鋳三郎《えはらちゅうざぶろう》（のちの江原素六《そろく》）率いる撤

15代将軍だった徳川慶喜
（国立国会図書館蔵）

大鳥圭介
（国立国会図書館蔵）

兵隊第一大隊が本陣である中山法華経《ほけきょう》寺（現・市川市中山）を出撃して八幡宿（現・市川市八幡）に陣を構えていた新政府軍を攻め、戦闘が行われた。市川・船橋でも戦闘が起こり、付近に住んでいた多くの人々が焼け出され、最終的には新政府軍が当該地域を制圧した。この際、敗走した撤兵隊の福田《ふくだ》八郎《はちろう》右衛門《えもん》は上総国地域へと進んだが、同月七日に姉ヶ崎《あねがさき》（現・市原市姉崎）での戦いで敗れ、この地域の旧幕府軍は潰滅した。

　ここで『千葉市史』に所収された生実藩領の平山村（現・千葉市緑区平山）の書付を見てみよう。姉ヶ崎での戦い（史料では「五井《ごい》村合戦」）の時の生実藩内の様子を詳細に語っている。この当時、海近くの者だけでなく近辺の人々まで大騒ぎをしており、人馬徴用の命令から逃れるため青年・壮年の男性は牛馬を引き連れて山へと籠ることとなった。しかもこの頃は長雨であったため、家が潰れてしまったり、洪水になって麦や稲が作れなくなったりしてしまった。生実藩の陣屋は家中の者が甲冑《かっちゅう》を着用して、かがり火を焚き、領内を見廻っていたようである。戦争と自然災害によって生実藩内は人々も大きな被害を受けることとなってしまった。

俊方の上洛、そして版籍奉還

藩論の統一、慶応四年（一八六八）二月の新政府への恭順と家老・青木敦禮の西上によって、新政府・旧幕府の房総地域における戦闘では領内の防衛に徹した。新政府とそれに恭順の意を示す徳川慶喜の意向に沿った動きといえる。

三月四日、藩主・俊方は領内の取り締まりのために在国することを許された。そして同月三十日、病気の快癒のために上洛することとなり、四月十六日に新政府のある京都にようやく着いた。これは江戸城総攻撃とその後の無血開城、十五代将軍・徳川慶喜の水戸謹慎を踏まえての上洛である。俊方と生実藩家中は譜代大名として、藩主の仮病という言い訳を使いながら、巧みに激動の時代の荒波を乗り越えて、時勢が新政府側に傾いたことを把握し、ついに藩主の上洛に至ったものと思われる。閏四月一日に京都御所に参内《さんだい》し、天皇睦仁《むつひと》（明治天皇）に対して俊方は恭順を示した。

俊方が京都においての具体的にどのような活動を行なったかはわからない。その後、市川・船橋・五井辺りでの騒動のため、領内の治安維持のために生実へ戻ることを求めたところ、これが認められ、俊方は生実へと戻った。少なくとも若い藩主と生実藩家中の人々の尽力によって生実藩の存続は認められることとなったのである。

しかし、時代は刻々と変化していった。閏四月二十一日、新政府の方針と組織を記した「政体書」が発布され、諸藩の大名は新政府によって大名領は正式に藩と呼称されるようになった。翌明治二年（一八六八）六月十七日以降、版籍奉還が進められることとなった。版籍奉還とは、新政府に財源がないため大名領（版《はん》図《と》）と領民（戸籍）の一部を新政府へ献上する構想に端を発している。同年正月二十日に版籍奉還の建白書が長州藩主・毛利敬親《よしちか》、薩摩藩主・島津忠義《ただよし》、佐賀藩主・鍋島直大《なべしまなおひろ》、土佐藩主・山内豊範《とよのり》によって提出されて、やがてその趣旨に追従して建白書を提出する藩が続出した。既述の通り、六月十七日より版籍奉還が進むが、生実藩も提出し、六月二十四日に許可された。

版籍奉還の狙いのひとつは、藩を解体し中央集権による土地と人の直接支配を実行することであったが、版籍奉還を行なった藩主はそのまま藩知事に認められ、実質的な支配は継続された。

そして、明治四年七月、ついには廃藩置県が断行され、生実藩・森川家の支配は終わりを告げた。千葉県文書館には生実藩権大参事（藩知事に次ぐ役職）・市原正義から廃藩置県直後に俊方へ宛てた書状が遺されている。現代語訳をして本文を読んでみよう。

さて昨夕（明治四年七月十四日）、弁官（太政官の事務官僚のひとつ）の切紙《きりがみ》でもって主君の御名代《ごみょうだい》として藩の参事のうち、政府へ参るようにとの御達がありました。そこで私が参りましたところ、参事へ申し遣わした通り、天皇の命令によって藩知事の職を免ずるという書類が渡されました。書類の現

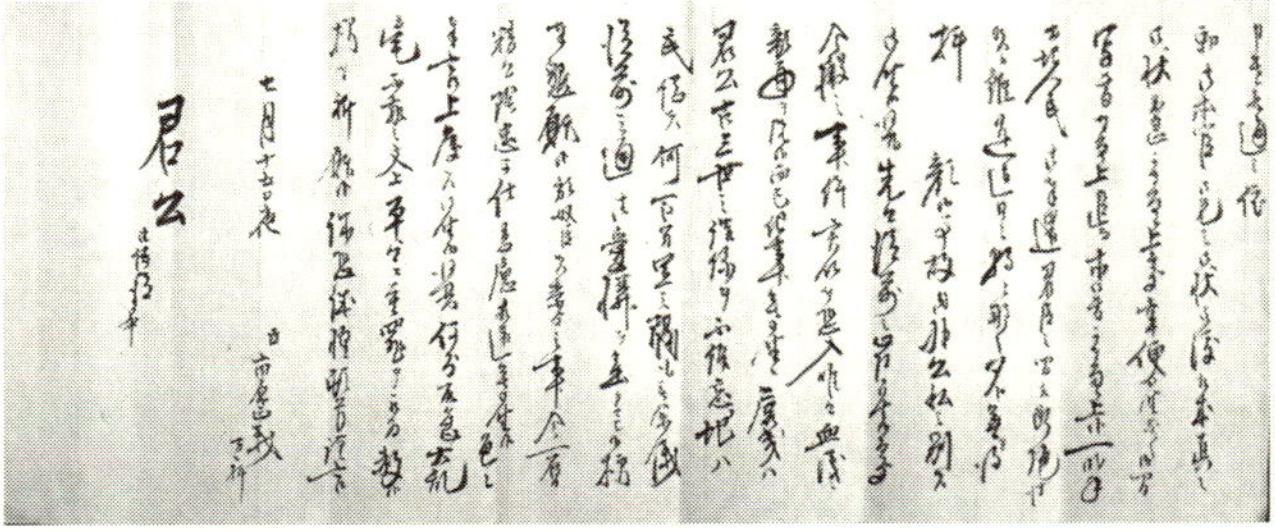

生実県知事免職状受取につき書状
（千葉県文書館蔵）

物を至急差し上げるべきところですが、都合がよくないので写しをお送り致します。一昨年、土地・人民御奉還し、君臣の間が御断絶したと言いましても、これまで日々朝夕なく拝顔仕りましたことですので、内外公私の別はございませんけれども、今後もこれまで通りの心持ちでございます。今般の事件は実に恐れ入り、ただただ血涙で顔を洗うのみにて他のことはございません。（中略）従来の通り御愛憐を賜りますよう懇願奉ります。私においてはもとより今一層忠誠を仕ることに間違いはございません。いろいろと言上《ごんじょう》仕りたいこともございます。何分乱筆の罪をお許しください。

最後の藩主・俊方はその後東京に移り住み、華族として生活することとなった。晩年は本所亀沢町一丁目二九番地（現・東京都墨田区亀沢）に居住するも、明治十年十一月七日午後八時に脚気《かっけ》の症状が悪化して亡くなった。享年二十八歳。

最後に、その後の生実地域を簡単に触れておこう。明治時代になっても、交通の要衝である生実の地は発展していった。特に浜野は重要な港として多くの物資や人が行き交った。明治二十二年に南北生実・有吉・浜野・村田村が合併して生実浜野村が成立した。この村名が長かったためであろう、大正十四年（一九二五）に村名を縮めて、生浜村と改称。昭和三年（一九二八）に町制が施行された。戦後、千葉市と合併し、生実はベッドタウンへと変貌を遂げていった。

これも生実

浜野湊の残照

昭和三十年代の高度経済成長期。内房の臨海部は埋め立てられ、京葉臨海工業地帯が成立した。その後、京葉臨海工業地帯日本の化学工業や鉄鋼業などの中心的な役割を担ったことは周知のことであろう。

さて、生実藩の海上への入り口に設置されていたのが浜野湊である。塩田川（現・浜野川）の河岸《かし》でもあった。戦国時代から利用されており、その中世の様相については簗瀬裕一氏の論文に詳しい（「小弓公方足利義明の御座所と生実・浜野の中世城郭」）。生実藩は浜野湊の本行寺脇に蔵屋敷を設置し、年貢米の移送のための船着き場も整備した。現在、船着き場址には案内板が建てられており、蔵屋敷址は埋蔵文化財発掘調査が行われた。

浜野湊跡に立てられている看板

旧生浜町役場

もちろん、年貢米の津出しだけではない。外房からの海産物を江戸へと運ぶためにも利用されたし、多くの物資が浜野湊から房総各地へともたらされた。茂原や城下町・大多喜へ向かう伝馬の継立も行なった。人と物との結節点である浜野湊は近代になっても大いに利用され、蒸気船の発着も行われたようである。

なお、広沢虎造の浪曲や映画などでも「荒神山の喧嘩」として著名な博徒・神戸の長吉《ながきち》は浜野湊の出身である。「荒神山の喧嘩」とは、慶応二年（一八六六）に伊勢国荒神山（現・三重県鈴鹿市高塚町）で起きた博徒同士の縄張り争い。長吉には清水次郎長が加勢した。

残念ながら、浜野湊の歴史を十分に解明するだけの資料は、必ずしも多くない。ただし、市指定文化財の旧生浜町役場庁舎には、写真や漁具、あるいは図書や昭和三十年代の映像も見ることができる。船着き場であった地は浜野公園として住民の憩いの場となっていて、埋め立てのために海は遙か遠くとなっている。湊の喧騒は遠い昔のこととなった。

これも生実

生実の街への玄関口・JR内房線浜野駅

房総方面の鉄道の目的は当初太平洋側と千葉・東京の輸送を目的として明治二十年代に地元の人々を中心に進められた。その後、明治四十五年（一九一二）に内房側の蘇我《そが》・木更津《きさらづ》駅間に鉄道が開業した（開業当初は蘇我・姉ヶ崎駅間）。国鉄木更津線、現在のJR内房線である。

その後、内房線は安房鴨川駅まで伸長し、外房線と接続することによって房総半島を一周できるようになっていることは周知の通りであろう。現在、鉄道は通勤・通学はもとより房総各地の観光地を結ぶ重要な足として機能している。

もともと生実藩領であった浜野の地に駅舎が誕生したのは国鉄木更津線開業当初の明治四十五年である。現在の駅舎は橋上駅舎（島式のプラットホームの上に建物・改札口などが設置されている駅）であり、東口が生実方面、西口が本行寺・諏訪神社をはじめとして、浜野湊や村田川河口にあたる。平成二十一年（二〇〇九）に快速列車が停車することになり、千葉駅との距離も近いことから、乗降客数は増加傾向にあるようだ。

昭和初期かと思われる浜野駅
（千葉県文書館蔵）

浜野の地に駅舎が造られた理由は、江戸時代以前から多くの人と物資が行き交った浜野湊の存在による。大正期までは寄港地として重要な役割を果たしていたためだ。浜野駅の北側を臨めば、すぐ近くに高架橋が見えるが、これが近世の茂原方面からの物資輸送に利用された茂原街道である。

浜野駅から生実藩の陣屋まで歩くには少々遠い。とくに駅東口は新しく開発されており、生実藩の景観を目のあたりにできるものは乏しい。茂原街道を越えて、さらに館山自動車道を頭上に眺める生実交差点を越えれば、生実・椎名崎遺跡群に入り、やがては田園風景の向こうに陣屋の「城下町」の西端に設置された本満寺・大覚寺、そのさらに向こうには重俊院・生実神社、そして戦国時代の小弓城址を擁する台地が見えるであろう。本満寺と大覚寺の前を東に進む道路が、陣屋付きの「町屋」。高室金兵衛頌徳碑も近くだ。ぜひとも歩いて藩内を体験してもらいたい。

エピローグ

生実藩と森川家の近代

明治維新を経て、東京へと移り住んだ最後の藩主・森川俊方も明治十年（一八七七）に若くして亡くなり、俊方の長男・恆が森川家を相続した。明治十七年七月七日に制定された華族令によって、森川恆は子爵に授爵した。まだ満八歳を迎えたばかりであった。

森川家と生実の地との関わりは少なくなってしまったが、旧臣たちとの関係はその後も続いていた。千葉県立文書館蔵森川家文書に入っている明治三十年の日記によれば、正月四日に重臣であった市原正義をはじめとして一三名の旧臣が年始の挨拶に森川邸を訪問している。そのうちのひとり、布施季三は小岩井農場の乗馬クラブの調教師となり、昭和十年（一九三五）の第四回東京優駿大競争（東京ダービー）に優勝したガヴァナーを育てた人物である（『日本ダービー80年史』）。

初代藩主・森川重俊が殉じた徳川秀忠に対する関わりも明治維新後変わっていない。明治三十年の日記によれば、正月六日に、森川恆は増上寺を訪れ、台徳院（将軍・秀忠の霊廟）に香典を送っている。森川家にとって秀忠がいかに大きな存在であったかがうかがえよう。

生実藩の中心地であった北生実、流通の拠点であった浜野などについて見てみよう。明治二十二年の町村制施行によって、南北生実・有吉・浜野・村田・八幡宿飛地が合併して生実浜野村が成立し、北生実に役場が設置された（のちに生浜村と改称）。江戸時代以来の賑わいを見せていたこの地は、さらに内房の人と物との集積地として大いに発展することとなった。石油卸などを担う飯豊商店や、大量輸送を行なう飯豊運送店といった商店も開業し、明治四十五年には町内を鉄道が走るようなり、浜野駅が開設された。

この頃からであろう、鉄道の敷設による遠距離からの大量輸送によって、徐々に浜野湊の役割が変貌を遂げていった。海苔の養殖などの漁業も興隆を見せたが、京葉臨海工業地帯造成のために漁業が行なえなくなっていった。昭和五十五年（一九八〇）、地元の郷土史の研究会である生浜郷土史研究会によって、変貌を遂げるこの地の歴史を語り継ぐために『郷土の歩み』が刊行された。旧生浜村地域の歴史や文化財だけでなく、方言や小字名、出版時に八十歳以上の長寿であった人々の名前などが記録された一冊であり、この地の歴史書の金字塔である。そして、この一冊から四十年ほどが経ち、江戸時代、生実藩政時代のこの地を語る景観が徐々に姿を消していっていることは想像に難くない。

今、耳を澄ましても、麻の機織りの音や小弓公方の軍勢の足音、森川重俊の悲嘆、キサゴ取りに命をかけた鬨の声、飢饉と戦乱による苦悩の声は聞こえない。しかし、森川家歴代の人々は今日も生実の地を見守り続けていることであろう。

あとがき

生実藩森川家を最初に知ったのは一九九六年、大学二年生の頃であった。当時、くずし字の勉強のために大学院生から手ほどきを受けていたが、自習の必要も感じ、いろいろなくずし字の学習本を手にした。そのうちの一冊が日本歴史学会編『演習古文書選近世編』（吉川弘文館、一九七一年）である。その中に初代生実藩主・森川重俊の遺書が掲載されていた。この時に初めて生実藩と森川重俊を知った。当時は「生実」の読み方を知らずに「ナマジツ」藩だと思っていた。

時を経て、ようやく歴史研究者として歩んできた頃、分野の異なる方から「生実の近くに住んでいるけど、生実の歴史なんて知らない」と言われた。千葉県は自治体史も刊行されているし、文書館・図書館・博物館もある。それでも、地元の人は知らない（興味をもたない）ものなのである。これは自分自身、歴史資料の保全に従事していて、各地で痛いほど目のあたりにしていた。

そんな中、千葉県立図書館で森川家文書のインターネット画像公開が始まった。「菜の花ライブラリー」である。基本的資源の情報共有化は大きな労力と経費がかかる。「菜の花ライブラリー」に森川家文書の画像を掲載するに当たって職員の苦労と努力がうかがえるが、本書は「菜の花ライブラリー」なくしては書くことができなかったといえる。「菜の花ライブラリー」を眺めていて、「生実の歴史なんて知らない」に対して、筆者なりに応えられるのではないかと思った。現在は千葉県文書館で原文書の利用も簡単にできる。自治体史の成果も発表されており、研究の基盤は十分に整っていた。

筆者が講師を務めている永福古文書クラブの受講生で、ライターをしている加唐亜紀氏より『シリーズ藩物語』の紹介を受けたのも同じ頃だ。現代書館・菊地泰博社長とお会いして、『シリーズ藩物語』の依頼を受けた時、迷わずに生実藩を選んだ。

執筆に当たって生実の地を五回訪れた。村田・浜野あたりは三回訪れた。生実藩の痕跡はあまりないだろうと思っていたが、行くたびにいろいろな発見があった。「刑事は現場百回」という言葉からすれば、まだまだだが、これからも行くたびに発見があるであろう。現段階での現地踏査の成果もできる限り本書に含めた。

本書の執筆に当たり、現代書館・菊地泰博社長には大変お世話になった。また、編集に当たっては加唐亜紀氏に御面倒をお掛けした。心より御礼申し上げたい。

参考文献及び引用文献

『Ｇａｌｌｏｐ臨時増刊　日本ダービー80年史』、サンケイスポーツ、二〇一三年

市村高男『戦争の日本史　一〇　東国の戦国合戦』、吉川弘文館、二〇〇九年

生浜郷土史研究会編『郷土の歩み』、生浜郷土史研究会、一九八一年

大友一雄『江戸幕府と情報管理』、臨川書店、二〇〇三年

小鹿島果編『日本災異志』、地人書館、一九六七年

川村優編『論集房総史研究』、名著出版、一九八二年

小池進『江戸幕府直轄軍団の形成』、吉川弘文館、二〇〇一年

佐藤博信『古河公方足利氏の研究』、校倉書房、一九八九年

佐藤博信『中世東国足利・北条氏の研究』、岩田書院、二〇〇六年

武部善人『太宰春台』、吉川弘文館人物叢書、一九九七年

千葉市立郷土博物館編『紙本著色千葉妙見大縁起絵巻』、千葉市立郷土博物館、一九九五年

千葉市立郷土博物館編『千葉市立郷土博物館企画展　千葉市の戦国時代城館跡』、千葉市立郷土博物館、二〇〇九年

千葉県教育振興財団文化財センター編『平成20年度出土遺物巡回展　房総発掘ものがたり　―おゆみ野編―』、千葉県教育振興財団文化財センター、二〇〇八年

千葉県教育振興財団文化財センター編『千葉県教育振興財団研究紀要　第二八号　房総における近世の陣屋』、千葉県教育振興財団文化財センター、二〇一三年

千葉県史料研究財団編『千葉県の歴史　資料編』考古2（弥生・古墳時代）、千葉県、二〇〇三年

千葉県史料研究財団編『千葉県の歴史　通史編』近世2、千葉県、二〇〇八年

千葉県史料研究財団編『千葉県の自然誌　千葉県の動物2　―海の動物―』、千葉県、二〇〇二年

千葉県千葉郡教育会編『千葉県千葉郡誌』、千葉県千葉郡教育会、一九二六年

千葉市史編纂委員会編『千葉市史』第一巻～第三巻、千葉市、一九七四年

千葉市史編纂委員会編『千葉市史　史料編』第一巻～第九巻、千葉市、一九七六年～二〇〇四年

千葉大学亥鼻地区埋蔵文化財調査委員会・千葉大学文学部考古学研究室編『千葉大学亥鼻地区インキュベーション施設建設に伴う発掘調査報告書』、千葉大学亥鼻地区埋蔵文化財調査委員会・千葉大学文学部考古学研究室、二〇〇七年

根岸茂夫『近世武家社会の形成と構造』、吉川弘文館、二〇〇〇年

藤井譲治『江戸幕府老中制形成過程の研究』、校倉書房、一九九〇年

船橋市史編さん委員会編『船橋市史』前篇、船橋市、一九五九年

丸井敬司『千葉氏と妙見信仰』、岩田書院、二〇一三年

山本博文『参勤交代』、講談社現代新書、一九九八年

米田藤博『小藩大名の家臣団と陣屋町　3　南関東・中部地方』、クレス出版、二〇一五年

家永遵嗣「北条早雲研究の最前線」、『奔る雲のごとく』、北条早雲フォーラム実行委員会、二〇〇〇年

小田真裕「下総万力村金杉貞俊の天保飢饉認識」、菅原健二編『千葉大学大学院人文社会科学研究科研究プロジェクト報告書　第二二〇集　記録史料に関する総合的研究Ⅳ　―記録資料と日本近世社会』、千葉大学大学院人文社会科学研究科、二〇一〇年

菊池勇夫「飢饉死のリアリティ―仙台藩天保七・八年の飢饉の場合―」、『キリスト教文化研究所年報』第四七号、二〇一四年

櫻井満「東歌の成立と麻績部の伝承」、櫻井満『櫻井満著作集第一巻　万葉集東歌研究』、おうふう、二〇〇〇年

外山信司「戦国の房総を訪れた連歌師宗長　―「東路のつと」を読む―」、『城西国際大学日本研究センター紀要』第六号、二〇一二年

柴田聡司「原氏私稿　千葉宗家宿老原氏の歴史を辿る」、『市史研究誌四街道の歴史』第九号、二〇一四年

中村操・松浦律子「１８５５年安政江戸地震の被害と詳細震度分布」、『歴史地震』第二六号、二〇一一年

浜野潔「気象変動の歴史人口学　―天保の死亡危機をめぐって―」、速水融・鬼頭宏・友部謙一編著『歴史人口学のフロンティア』、東洋経済新報社、二〇〇一年

簗瀬裕一「小弓公方足利義明の御座所と生実・浜野の中世城郭」、『千葉城郭研究』第六号、二〇〇〇年

西村慎太郎（にしむら・しんたろう）
昭和四十九年（一九七四）東京都青梅市生まれ。学習院大学大学院人文科学研究科博士後期課程単位取得退学。
著書は、『近世朝廷社会と地下官人』（吉川弘文館、二〇〇八年）、『宮中のシェフ、鶴をさばく』（吉川弘文館、二〇一二年）。

シリーズ藩《はん》物語《ものがたり》 **生実藩《おゆみはん》**

二〇一七年二月二十八日 第一版第一刷発行

著者――西村慎太郎
発行者――菊地泰博
発行所――株式会社 現代書館
東京都千代田区飯田橋三―二―五 郵便番号 102-0072 http://www.gendaishokan.co.jp/
電話 03-3221-1321 FAX 03-3262-5906 振替 00120-3-83725
組版――デザイン・編集室 エディット
装丁――中山銀士＋杉山健慈
印刷――平河工業社（本文）東光印刷所（カバー・表紙・見返し・帯）
製本――積信堂
編集――加唐亜紀
編集協力――黒澤 務
校正協力――二又和仁

 ISBN978-4-7684-7144-9

江戸末期の各藩

松前、八戸、七戸、黒石、**弘前**、**盛岡**、**一関**、秋田、亀田、本荘、秋田新田、仙台、松山、**新庄**、**庄内**、天童、長瀞、**山形**、上山、**米沢**、米沢新田、相馬、福島、**二本松**、三春、**会津**、**守山**、棚倉、平、湯長谷、泉、**村上**、黒川、三日市、**新発田**、村松、三根山、与板、**長岡**、椎谷、**高田**、糸魚川、松岡、笠間、宍戸、**水戸**、下館、結城、**古河**、下妻、府中、土浦、麻生、谷田部、牛久、大田原、黒羽、烏山、喜連川、**宇都宮・高徳**、壬生、吹上、**足利**、佐野、関宿、高岡、佐倉、小見川、多古、一宮、**生実**、鶴牧、久留里、大多喜、請西、飯野、佐貫、勝山、館山、岩槻、忍、岡部、**川越**、沼田、前橋、伊勢崎、館林、高崎、吉井、小幡、安中、七日市、飯山、須坂、**松代**、**上田**、**小諸**、岩村田、田野口、**松本**、諏訪、**高遠**、飯田、金沢、荻野山中、小田原、**沼津**、小島、田中、掛川、**相良**、横須賀、浜松、富山、加賀、大聖寺、郡上、高富、苗木、岩村、加納、大垣、高須、今尾、犬山、挙母、岡崎、西大平、西尾、吉田、田原、大垣新田、尾張、**刈谷**、西端、長島、**桑名**、神戸、菰野、亀山、津、久居、鳥羽、宮川、彦根、大溝、山上、西大路、三上、膳所、水口、丸岡、勝山、大野、**福井**、鯖江、敦賀、小浜、淀、新宮、田辺、紀州、峯山、宮津、田辺、綾部、山家、園部、亀山、福知山、柳生、柳本、芝村、郡山、小泉、櫛羅、高取、高槻、麻田、丹南、狭山、岸和田、伯太、豊岡、出石、柏原、篠山、尼崎、三田、三草、明石、小野、姫路、林田、安志、龍野、山崎、三日月、赤穂、鳥取、若桜、鹿野、津山、勝山、新見、岡山、庭瀬、足守、岡田、岡山新田、浅尾、松山、鴨方、福山、広島、広島新田、高松、丸亀、多度津、西条、小松、今治、松山、新谷、**大洲**、**伊予吉田**、**宇和島**、徳島、**土佐**、土佐新田、**松江**、広瀬、母里、浜田、津和野、岩国、**徳山**、長州、長府、清末、小倉、小倉新田、**福岡**、**秋月**、**久留米**、柳河、三池、蓮池、唐津、**佐賀**、小城、鹿島、大村、島原、平戸、平戸新田、**中津**、杵築、日出、**府内**、臼杵、**佐伯**、森、**岡**、熊本、熊本新田、宇土、人吉、延岡、高鍋、佐土原、飫肥、薩摩、対馬、五島（各藩名は版籍奉還時を基準とし、藩主家名ではなく、地名で統一した）

★太字は既刊

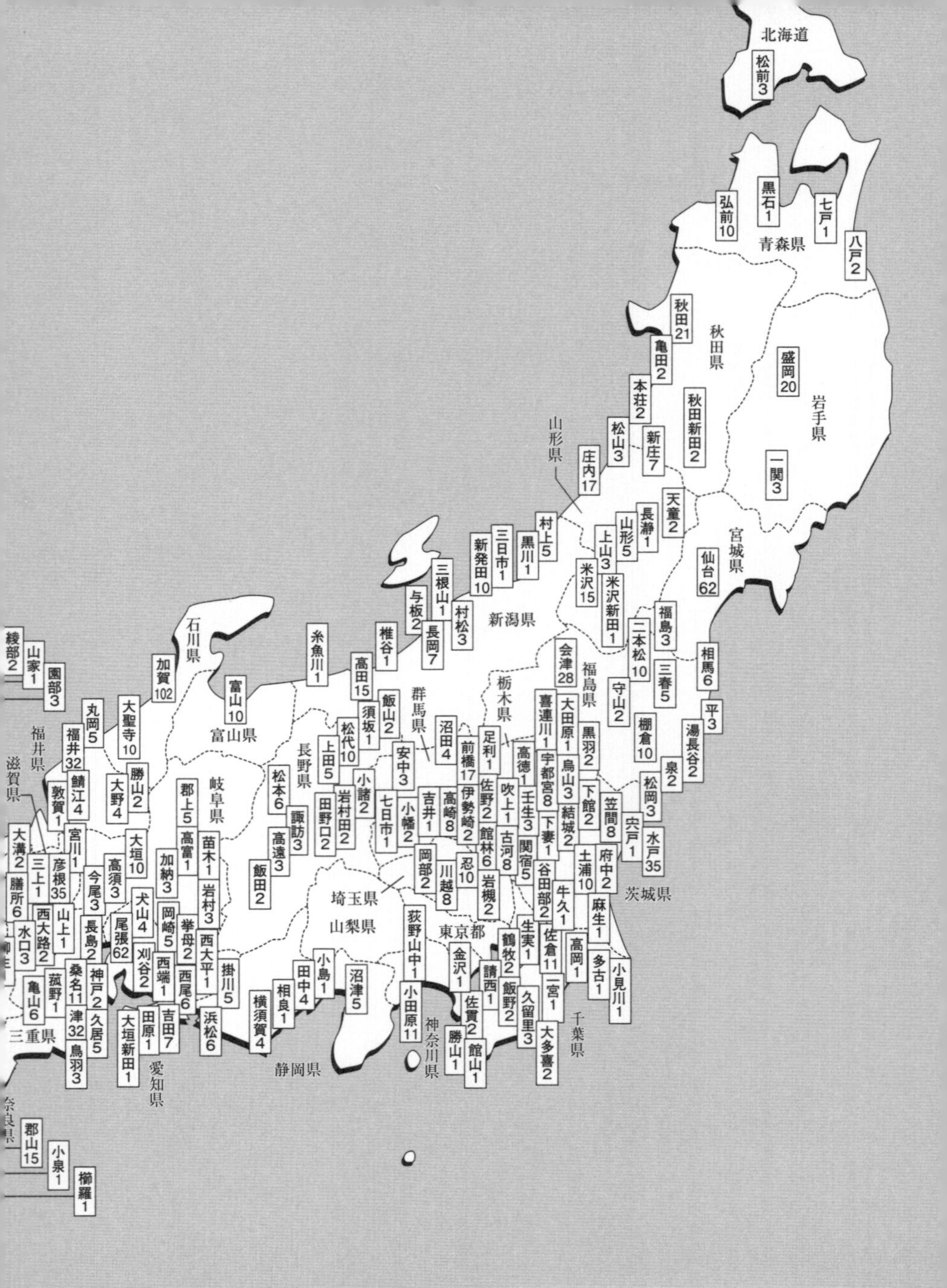

江戸末期の各藩
（数字は万石。万石以下は四捨五入）

対馬10
平戸新田1
平戸6
五島1
長崎県
唐津6
佐賀県
小城7
佐賀36
蓮池5
鹿島2
大村3
島原7
三池1
福岡47
福岡県
柳河12
久留米21
小倉新田1
小倉15
秋月5
熊本新田4
熊本54
熊本県
宇土3
人吉2
薩摩77
鹿児島県
佐土原3
高鍋3
飫肥5
宮崎県
延岡7
清末1
長府5
山口県
中津10
日出2
杵築3
大分県
森1
府内2
臼杵5
佐伯2
岡7
長州37
津和野4
浜田6
島根県
徳山4
岩国6
広島43
広島新田3
広島県
松江19
広瀬3
母里1
鳥取県
福山11
吉田3
大洲6
新谷1
宇和島10
松山15
今治4
小松1
西条3
愛媛県
土佐24
土佐新田1
高知県
多度津1
丸亀5
香川県
高松12
徳島26
徳島県
岡山県
鹿野3
若桜2
鳥取33
新見2
松山5
浅尾1
足守3
勝山2
津山10
岡山新田2
岡田1
庭瀬2
岡山32
鴨方3
三日月2
赤穂2
山崎1
龍野5
兵庫県
豊岡2
出石3
柏原2
篠山6
三草1
安志1
姫路15
三田4
林田1
小野1
明石8
岸和田5
伯太1
狭山1
大阪府
紀州56
田辺4
和歌山県
宮津7
福知山3
尼崎4
丹南1